1 Ernährung bei Blasenkrebs

Diese Empfehlungen bitte immer mit Ernährungsberater/in, Arzt oder Diätologen/in absprechen! Die Rezepte und Zutatenlisten unterstützen die medizinischen Therapien.

Die Kalorienangaben frischer Zutaten (Obst und Gemüse) und die Inhaltsstoffe schwanken je nach Qualität und Erntezeit. Die Inhalte wurden von einer Diätologin und einer Ernährungsberaterin für die Traditionelle Chinesische Medizin (TCM) geprüft.

Autor:
©2022 Josef Miligui
Liebe Leserinnen und Leser, ich wünsche Ihnen viel Erfolg und gutes Gelingen bei der Umstellung Ihrer Ernährung. Dieses Buch wurde aus eigener Erfahrung mit Krankheit und Ernährung geschrieben und ich habe schon immer das Zubereiten guter Speisen geschätzt. Wenn Sie nicht so geübt sind im Kochen, empfiehlt sich ein Kurs bei Ernährungsberatern oder Diätologen, die Ihnen die Grundlagen der Kochmethoden sowie die richtige Verarbeitung der Zutaten vermitteln können. Anhand der Lebensmittellisten aus diesem Buch können Sie weitere Rezepte entwickeln und entdecken.

Quelle:
Die Listen werden aus der EBNS-Datenbank für die Ernährungsberatung generiert. Die Datenbank wird von Ernährungsberater, Therapeuten und Ärzte für die Beratung der Patienten/Klienten verwendet und ermöglicht eine Kombination mehrerer Syndrome.

Literaturliste:
Wir haben die Unterlagen als Wissensbasis genutzt und an unsere Erfahrungen angepasst und ergänzt.
www.ebns.at

Herstellung und Verlag:
BoD – Books on Demand, Norderstedt
ISBN: 9783739233413

Krebs-Therapieunterstützung bei Blasenkrebs
(Buch: 101)

1 Ernährung bei Blasenkrebs 1
   1.1 Vorwort 5
   1.2 Beschreibung 9
   1.3 Therapiestrategie 9
   1.4 Vermeiden 10
2 Speiseplan 10
   2.1 Frühstück 10
   2.2 Jause 11
   2.3 Mittag 11
   2.4 Nachmittag 13
   2.5 Abend 13
3 Rezepte 15
   3.1 8 Schätze Reis 15
   3.2 Adzukibohnen-Reis-Suppe 16
   3.3 Antipasti 16
   3.4 Aprikosen-Hafer-Kugeln mit Acaipulver 17
   3.5 Aubergine mit Olivenöl und Kurkuma 18
   3.6 Basmatireis + Zucchini-Tofupfanne 18
   3.7 Bircher Müsli 19
   3.8 Couscous-Salat 20
   3.9 Cranberrisaft 20
   3.10 Curryreis mit Rosinen und Nüssen 21
   3.11 Dinkel mit Obst und Nüssen 22
   3.12 Erdbeer-Joghurt-Mandelmus Mix 23
   3.13 Fein gewürzte Zucchini mit Tomaten 23
   3.14 Fenchel mit gerösteten Walnüssen 24
   3.15 Fenchel-Reissuppe 25
   3.16 Gegrillte Lachssteaks mit Blumenkohl und Kartoffeln 25
   3.17 Gegrillter Tofu mit Reisnudeln, Spinat und Zuckerschoten 27
   3.18 Gelbe Linsensuppe 28
   3.19 Gemüse-Grieß-Suppe 29
   3.20 Gemüse-Miso-Suppe mit Tofu 29
   3.21 Gemüsesaft 30
   3.22 Geröstete Hirse mit Pflaumenkompott 31
   3.23 Geröstete Nüsse 31
   3.24 Geschnetzeltes Huhn mit Walnüssen und Sherry 32
   3.25 Getreide-Obst-Brei 33
   3.26 Grießsuppe mit Gemüse 33
   3.27 Grundrezept für eine Hühnerbrühe 34

3.28	Grundrezept für eine nahrhafte Gemüsebrühe	35
3.29	Grundrezept für eine Rinderbrühe	36
3.30	Gurkensalat	37
3.31	Gurkensuppe	37
3.32	Haferflocken mit aromatischen Gewürzen	38
3.33	Haferflockensuppe mit Frühlingszwiebeln und Karotten	39
3.34	Hühnerfleisch mit weißen Rüben auf Reis	39
3.35	Hüttenkäse mit gedünstetem Obst	41
3.36	Indische Dal-Suppe	41
3.37	Japanische Algensuppe	42
3.38	Joghurt mit Honig und Nüssen	43
3.39	Karotten- Reisschleimsuppe	43
3.40	Karottendrink	44
3.41	Karottenrohkost	44
3.42	Karpfensuppe	45
3.43	Kartoffelpuffer	46
3.44	Kichererbsen mit Karotten, Hijiki und Rosinen	47
3.45	Klare Brühe aus Gänseklein	48
3.46	Kompott aus Äpfeln	48
3.47	Kürbissuppe	49
3.48	Kuzuwasser	50
3.49	Lachs auf Tomaten-Spinat	50
3.50	Lasagne mit Tofucreme	51
3.51	Linsen-Reis-Eintopf	52
3.52	Marinierte Pute mit Cashewkernen aus dem Wok	53
3.53	Minestrone	54
3.54	Misosuppe mit Tofu	55
3.55	Paprika-Putenfleisch mit Reis und Salat	55
3.56	Polentaschnitte mit Ratatouille	56
3.57	Porridge	57
3.58	Porridge mit Rosinen und Sake	58
3.59	Reis mit gedämpftem Gemüse	59
3.60	Reis-Congee mit Honigbirne und schwarzem Sesam	60
3.61	Reis-Congee mit zerstoßenen Walnüssen	60
3.62	Reisnudelsuppe mit Shiitakepilzen	61
3.63	Reissuppe mit geraspelten Karotten	61
3.64	Rettich-Apfel-Joghurt-Frischkost	62
3.65	Rettichgemüse mit Frühlingszwiebeln und Karotten	63
3.66	Rettichgemüse mit Meerrettich	64
3.67	Rettichsaft	64
3.68	Rhabarber-Apfel-Grütze	65
3.69	Rhabarberkuchen mit Streuseln	66
3.70	Rote Rüben Suppe	67

3.71	Russische Kasha mit Weißkohl	67
3.72	Selleriesaft	68
3.73	Süße Polenta mit Pfirsich	68
3.74	Süßkartoffelpuffer mit Basilikum-Pesto	69
3.75	Tee aus Bärentraubenblättern	70
3.76	Tee aus Grüntee	71
3.77	Tee aus Salbei	71
3.78	Tee aus Wacholderbeeren	72
3.79	Teemischung appetitanregend	72
3.80	Teemischung harnsäuresenkend	73
3.81	Überbackenes Chicoréegemüse	73
3.82	Wärmende Karottensuppe	74
3.83	Wärmender Haferflockenbrei	75
3.84	Weizenfrischkornbrei mit Birnen	75
3.85	Zwetschgenkuchen	76
4	Wirkung der Lebensmittel	77
4.1	Zutaten verwenden: empfehlenswert	77
4.2	Zutaten verwenden: ja	78
4.3	Zutaten verwenden: wenig	83
4.4	Kontraindikativ wirkende Lebensmittel nicht verwenden	84
5	Komplementär	85
5.1	Dekokt (Abkochung)	85
5.1.1	Holunder (Blüten)	85
5.1.2	Wacholderbeeren	85
5.2	Fertiggetränk	85
5.2.1	Aronia (Apfelbeeren)	85
5.3	Heil-Tee (Aufguss)	85
5.3.1	Cannabis	85
5.3.2	Goldrutenkraut	86
5.3.3	Heidelbeeren Blätter	86
5.3.4	Kamille	87
5.3.5	Maisbart	87
5.3.6	Rooibos	87
5.4	Kapseln	87
5.4.1	Holunderschwamm, Chinesische Morchel, Mu Err	87
5.5	Komplementäre Anwendung	88
5.5.1	Akupunktur	88
5.5.2	Apitherapie	88
5.5.3	Einschlafkissen mit Hopfenzapfen	89
5.5.4	Enzympräparate	89
5.5.5	Hyperthermie	89
5.5.6	Klangschalentherapie	90
5.5.7	Lichttherapie	91

5.5.8	Lymphdrainage	91
5.5.9	Misteltherapie	92
5.5.10	Selbsthilfegruppen	92
5.6	Verschiedene Möglichkeiten	93
5.6.1	Brennnessel Wurzel	93
5.6.2	Kurkuma Wurzel	93
5.6.3	Liebstöckelwurzel	93
5.6.4	Meerrettich	93
5.6.5	Reishi	93
6	Grundlagen der Ernährung	94
6.1	Ernährung	94
6.2	Rezepte	96
6.3	Lebensmittel	97
6.4	Kräuter	98
7	Weitere Ernährungsvorschläge	99

1.1 Vorwort

Krebs bezeichnet in der Medizin die unkontrollierte Vermehrung und das wuchernde Wachstum von Zellen, d. h. eine bösartige Gewebeneubildung (maligne Neoplasie) bzw. einen malignen (bösartigen) Tumor (Krebsgeschwulst, Malignom). Bösartig bedeutet, dass neben der Zellwucherung auch Absiedelung (Metastasierung) und Invasion in gesundes Gewebe stattfindet. Im engeren Sinn sind die malignen epithelialen Tumoren (Karzinome), dann auch die malignen mesenchymalen Tumoren (Sarkome) gemeint. Im weiteren Sinne werden auch die bösartigen Hämoblastosen als Krebs bezeichnet, wie beispielsweise Leukämie als „Blutkrebs".

So lautet die Definition von Krebs laut Wikipedia (Stand 29.11.2021). Die Ernährung, kommt allerdings höchstens mal im Nebensatz vor. Ja, der Artikel geht so weit ins holistische, dass auch Umweltgifte und der Lebensstil genannt werden, das rechne ich ihm hoch an. Insgesamt spiegelt der Artikel meiner Erfahrung nach ganz gut das Wissen der meisten Ärzt:innen wieder: Krebs ist mehr oder weniger isoliertes Problem am jeweiligen Organ, der sich durch unkontrollierte Vermehrung allerdings ausdehnen und streuen kann. Krebs passiert eher zufällig, wobei ein paar Faktoren schon auch irgendwie eine Rolle zu haben scheinen. Aber reden wir lieber über die konkrete Behandlung.

Und das führt uns zu folgendem Problem: Patient:innen fallen in eine sehr passive Rolle des Krebsträgers, der Krebsträgerin. Sie legen all ihr Vertrauen in die Schulmedizin und die behandelnden Ärzt:innen. Doch was sie selbst aktiv als Krebsprävention oder zur Krebstherapie beitragen können, das wird ihnen leider in vielen Fällen nicht gesagt, weil die eigene Lebensgestaltung - so die allgemeine Meinung - ja sowieso nur eine Nebenrolle spielt.

Und das, obwohl sogar die Weltgesundheitsorganisation (WHO) davon spricht, dass bis zu 80 % der Krebserkrankungen durch äußere Faktoren wie Ernährung, Lebensstil, Umweltgifte und dergleichen beeinflusst werden.

Welche Faktoren also jeder einzelne von uns aktiv beeinflussen kann und somit seine Chancen auf Krebsfreiheit bzw. allgemein Gesundheit erhöhen kann, darum geht es auf den folgenden Seiten.

Nach Dr. Veronique Desaulniers ist Krebs (und jede andere Krankheit auch) lediglich ein Symptom. Sie sagt "Krebs kann ich einem gesunden Körper nicht bestehen". Sie teilt die vielen Einflussfaktoren auf 7 Gruppen auf, die sich auch mit den Studien und Erfahrungen anderer namhafter Experten wie Johannes Coy, David Servan-Schreiber uvm. decken.

Der Fokus in diesem Buch liegt auf dem Faktor mit der größten Hebelwirkung - der Ernährung.

Schon Hippokrates hat einst gesagt "Lass die Nahrung deine Medizin sein und Medizin deine Nahrung!"
Kräuterpädagog:innen heute sagen so: "Es gibt für jede Krankheit das richtige Kraut."

Egal wie wir es drehen und wenden, wir sind was wir essen (und was unser Essen gegessen hat). Der moderne Mensch sieht sich gerne isoliert von seiner Umwelt. Als mächtig und erhaben. Wir entstehen aus unserer Umwelt, wir leben inmitten von ihr und wenn wir sterben gehen wir wieder in unsere Umwelt über. Während wir leben essen wir das, was in unserer Umwelt wächst (oder in Fabriken chemisch erzeugt wird). Diese Nahrung liefert die Energie und Bausteine, für den eigenen Körper, für den Stoffwechsel, Zellerneuerung, den Hormonhaushalt und damit für unser gesamtes Sein, die Gesundheit und unser Empfinden.

Wenn jetzt also Expert:innen immer noch der Meinung sind, dass Ernährung bei Krebs eine untergeordnete Rolle spiele, dann stellt sich die Frage, woraus diesen Expert:innen zufolge wir bestehen.

Allerdings - so ehrlich muss dann auch sein - gibt es auch unter den Expert:innen, die der Ernährung den hohen Stellenwert beimessen, die sie verdient, verschiedene Meinungen über die optimale Anti-Krebs-Ernährung. Fragen Sie 10 Leute, bekommen Sie 10 Meinungen.

Deshalb hier ein paar Grundbausteine, bevor in dem Buch noch näher auf Ernährungsfaktoren eingegangen wird, die sozusagen der kleinste gemeinsame Nenner der meisten Ernährungsphilosophien sind:

- Saisonalität
    - Winterpflanzen, wie zum Beispiel verschiedene Kohlgewächse, versorgen uns mit Unmengen von Vitamin C und Bitterstoffen. Zwei Faktoren, die unser Immunsystem bei der Abwehr von der Kälte und den typischen Infekten in der Winterzeit unterstützen.
    - Sommerpflanzen wie zum Beispiel Gurken, Tomaten aber auch Zitrusfrüchte kühlen unseren aufgeheizten Körper und versorgen uns mit viel Wasser.
    - Außerdem müssen bei saisonalen Pflanzen weniger chemische Helferlein eingesetzt werden, da die passenden Umweltfaktoren das Wachstum sowieso fördern.
- Regionalität
    - Damit einher geht auch der Faktor der Regionalität. Regionale pflanzliche Lebensmittel werden reif geerntet und haben somit alle Nährstoffe entwickeln können. Im Gegensatz dazu wird Obst und Gemüse aus ferneren Ländern unreif geerntet und nur durch den Einsatz von chemischen Mitteln unnatürlich "nachgereift" - bzw. nur nach-gefärbt. Die Dichte der Nährstoffe und auch der Geschmack kann dabei niemals mit regionalen Lebensmitteln mithalten. (Sie haben es vielleicht schon selber erlebt, dass eine Südfrucht aus dem jeweiligen Ursprungsland dort im Urlaub viel süßer und vollmundiger schmeckt als die gleiche Frucht aus dem zentraleuropäischen Supermarkt).
- Pflanzenbasierte Ernährung
    - Ja, diese Basis teilen selbst die Anhänger der Fleischdiät mit den Veganern. Denn bei der Fleischdiät geht es auch um Fleisch von Tieren, die sich

artgerecht, sprich von vielen Gräsern und Kräutern ernährt haben. Die Masse an Getreide in der heutigen Ernährung - egal ob bei Mensch oder Tier - entspricht nicht der natürlichen Ernährungsweise. Sie macht uns krank, dick und manche behaupten sogar dumm (das weist auf die Schädigung der neuronalen Netzwerke hin, die durch den Konsum von Kohlenhydraten passiert hin). Pflanzen im Sinne von Gemüse, Kräutern, Salaten, Sprossen, in geringen Mengen Obst, Nüsse, Samen, etc. liefern neben den viel beschriebenen Vitaminen und Mineralstoffen vor allem sekundäre Pflanzenstoffe, die herausragende Heilwirkung haben. So werden eine Vielzahl unserer Medikamente auf Basis der natürlich vorkommenden Pflanzenstoffe nachgebaut. Allerdings sind da diverse Säuren und andere Wirkstoffe extrahiert und wirken nur alleine - mit den Pflanzen selbst nehmen wir sie in einer reichhaltigen und sich gegenseitig verstärkenden Kombination vielerlei wirksamer Stoffe zu uns.

Ja zusätzlich zu diesen 3 großen Punkten gibt es immer noch sehr viel zu beachten. Ein optimales Verhältnis von Omega 3 zu Omega 6 Fettsäuren (empfohlen wird 1:3), eine individuell und situationsbedingte Eiweißversorgung und so weiter.

Eine ganz gute und einfache Richtlinie für die alltägliche Ernährung bietet der ideale Teller. Der sieht so aus, dass möglichst jede Mahlzeit zur Hälfte aus pflanzlichen Bestandteilen besteht, ein Viertel der Eiweißversorgung dient und ein Viertel die Mahlzeit durch gute Fette und eventuell Kohlenhydrate abrundet.

Die Feinjustierung rund um die Zubereitungsarten, die Zusammenstellungen und so weiter sehe ich als sehr individuell an. Es gibt meines Erachtens nicht die 1 perfekte Ernährung bei Krebs. Es gibt so viele großartige Philosophien und Studien, die alle wunderbare Heilungen berichten und sich dabei aber gegenseitig ausschließen. Was auf den ersten Blick vielleicht paradox wirkt, eröffnet bei näherer Betrachtung ganz viele Möglichkeiten des Probierens und neuer Chancen.

Neben der Ernährung werden noch folgende Faktoren genannt:
- die Giftstoffbelastung in unserer Umwelt sowie in Pflegeprodukten oder eben in der Ernährung

- eine Balance aus Aktivität, (kurzzeitigem) Stress und der Entspannung wie auch Schlaf
- Aufarbeitung der emotionalen Wunden aus der Vergangenheit und Steigerung der Resilienz
- Biologische Zahnheilkunde
- eine optimierte Versorgung durch Heilkräuter, Heilpilze udgl.
- Früherkennung durch bewährte und schonende Verfahren

1.2 Beschreibung

Blasenkrebs ist ein bösartiger Tumor, der in der Harnblase entsteht. In der Mehrzahl der Fälle entwickelt er sich aus speziellen Schleimhautzellen der Blase, den sogenannten Übergangszellen. Diese Zellen kleiden die Harnblase von innen aus und bilden gewissermaßen die Innenhaut der Blase.
Eine chronische Harnblasenentzündung ist ein Risikofaktor für Blasenkrebs. Gefördert wird sie durch dauerhafte Harnwegsinfektionen, durch einen Dauerkatheter oder Blasensteine. Als Tumortyp entsteht in der Regel ein sogenanntes Plattenepithelkarzinom. Blasenkrebs kann zu folgenden Symptomen führen:
•Chronische Blasenentzündung, Urinsteine oder Chronische Infektion des Harntraktes. •Ungewöhnlich langsames Wasserlassen oder unangenehme zeitweise Zurückhaltung des Urins. •Entzündung Ihrer Lendengegend – zwischen Ihrem Zwerchfell und Kreuzbein
•Schwierigkeiten beim Urinieren oder ungewöhnlich häufiges Wasserlassen
•Schmerzhafte Krämpfe (Blasen Tenesmus) oder ein brennendes Gefühle beim Wasserlassen
•Krämpfe oder Schmerzen in der Gegend Ihrer Beckenregion – Ihrer Leistengegend. Oder jegliches eigenartiges Anschwellen Ihrer unteren Extremitäten.

1.3 Therapiestrategie

Schad- und Reizstoffe, die über die Blase ausgeschieden werden, sollten gemieden werden. Risikofaktoren wie Rauchen und extremer Kaffeekonsum müssen ausgeschaltet werden.

Bärentraubenblätter wirken keimhemmend, Preiselbeersaft vermindert die Ansiedelung von Bakterien in der Blase.

Brokkoli, Grünkohl, Blumenkohl und Rosenkohl Rettich
Sauermilchprodukte
Bärentraubenblätter
Preiselbeersaft / Cranberry Blase/Nierentee

1.4 Vermeiden

Rauchen, Kaffee, Cola, Alkohol, scharfe Speisen, schwarzer Tee, Zucker, große Mengen saurer Fruchtsäfte.

2 Speiseplan

Kkal. p. Portion

2.1 Frühstück

Adzukibohnen-Reis-Suppe	199,4
Bircher Müsli	384,0
Couscous-Salat	338,2
Cranberrisaft	43,5
Curryreis mit Rosinen und Nüssen	275,3
Dinkel mit Obst und Nüssen	289,7
Erdbeer-Joghurt-Mandelmus Mix	134,1
Fein gewürzte Zucchini mit Tomaten	203,2
Fenchel-Reissuppe	155,9
Gemüse-Grieß-Suppe	198,9
Gemüse-Miso-Suppe mit Tofu	107,0
Geröstete Hirse mit Pflaumenkompott	139,3
Geröstete Nüsse	973,0
Getreide-Obst-Brei	175,0
Grießsuppe mit Gemüse	105,5
Gurkensuppe	95,7
Haferflocken mit aromatischen Gewürzen	280,6
Haferflockensuppe mit Frühlingszwiebeln und Karotten	134,8
Hüttenkäse mit gedünstetem Obst	214,5
Joghurt mit Honig und Nüssen	258,0
Karotten- Reisschleimsuppe	101,0
Karottendrink	143,0
Kartoffelpuffer	893,3
Kichererbsen mit Karotten, Hijiki und Rosinen	429,0
Kompott aus Äpfeln	67,3
Kuzuwasser	6,8

Misosuppe mit Tofu	51,0
Porridge	207,5
Porridge mit Rosinen und Sake	427,0
Reis-Congee mit Honigbirne und schwarzem Sesam	158,9
Reis-Congee mit zerstoßenen Walnüssen	406,5
Reisnudelsuppe mit Shiitakepilzen	65,5
Rettichgemüse mit Meerrettich	196,0
Rettichsaft	9,0
Rhabarber-Apfel-Grütze	180,0
Selleriesaft	33,4
Süße Polenta mit Pfirsich	330,5
Tee aus Bärentraubenblättern	0,0
Tee aus Grüntee	3,0
Tee aus Salbei	4,7
Tee aus Wacholderbeeren	10,9
Teemischung appetitanregend	0,5
Teemischung harnsäuresenkend	0,0
Überbackenes Chicoréegemüse	230,9
Wärmender Haferflockenbrei	357,5
Weizenfrischkornbrei mit Birnen	309,0

2.2 Jause

Karottenrohkost	74,0
Polentaschnitte mit Ratatouille	225,5
Rettich-Apfel-Joghurt-Frischkost	77,0
Rhabarberkuchen mit Streuseln	475,8
Zwetschgenkuchen	502,5

2.3 Mittag

8 Schätze Reis	212,6
Adzukibohnen-Reis-Suppe	199,4
Antipasti	100,1
Aprikosen-Hafer-Kugeln mit Acaipulver	768,3
Aubergine mit Olivenöl und Kurkuma	432,3
Basmatireis + Zucchini-Tofupfanne	145,9
Bircher Müsli	384,0
Couscous-Salat	338,2
Cranberrisaft	43,5
Curryreis mit Rosinen und Nüssen	275,3
Erdbeer-Joghurt-Mandelmus Mix	134,1
Fein gewürzte Zucchini mit Tomaten	203,2
Fenchel mit gerösteten Walnüssen	341,7

Fenchel-Reissuppe 155,9
Gegrillte Lachssteaks mit Blumenkohl und Kartoffeln 329,8
Gegrillter Tofu mit Reisnudeln, Spinat und Zuckerschoten 327,3
Gelbe Linsensuppe 155,1
Gemüse-Grieß-Suppe 198,9
Gemüse-Miso-Suppe mit Tofu 107,0
Geröstete Hirse mit Pflaumenkompott 139,3
Geröstete Nüsse 973,0
Geschnetzeltes Huhn mit Walnüssen und Sherry 303,5
Getreide-Obst-Brei 175,0
Grießsuppe mit Gemüse 105,5
Gurkensalat 27,0
Gurkensuppe 95,7
Haferflockensuppe mit Frühlingszwiebeln und Karotten 134,8
Hühnerfleisch mit weißen Rüben auf Reis 323,5
Hüttenkäse mit gedünstetem Obst 214,5
Indische Dal-Suppe 255,5
Japanische Algensuppe 47,3
Joghurt mit Honig und Nüssen 258,0
Karotten- Reisschleimsuppe 101,0
Karottendrink 143,0
Karpfensuppe 166,3
Kartoffelpuffer 893,3
Kichererbsen mit Karotten, Hijiki und Rosinen 429,0
Klare Brühe aus Gänseklein 334,5
Kompott aus Äpfeln 67,3
Kürbissuppe 104,7
Kuzuwasser 6,8
Lachs auf Tomaten-Spinat 364,8
Lasagne mit Tofucreme 300,5
Linsen-Reis-Eintopf 232,0
Marinierte Pute mit Cashewkernen aus dem Wok 318,8
Minestrone 210,8
Misosuppe mit Tofu 51,0
Paprika-Putenfleisch mit Reis und Salat 391,3
Polentaschnitte mit Ratatouille 225,5
Porridge 207,5
Porridge mit Rosinen und Sake 427,0
Reis mit gedämpftem Gemüse 166,7
Reis-Congee mit Honigbirne und schwarzem Sesam 158,9
Reis-Congee mit zerstoßenen Walnüssen 406,5
Reisnudelsuppe mit Shiitakepilzen 65,5
Reissuppe mit geraspelten Karotten und frischen Kräutern 131,0

Rettichgemüse mit Frühlingszwiebeln und Karotten 246,0
Rettichgemüse mit Meerrettich 196,0
Rettichsaft 9,0
Rhabarber-Apfel-Grütze 180,0
Rote Rüben Suppe 282,3
Russische Kasha mit Weißkohl 250,5
Selleriesaft 33,4
Süße Polenta mit Pfirsich 330,5
Süßkartoffelpuffer mit Basilikum-Pesto 625,0
Tee aus Bärentraubenblättern 0,0
Tee aus Grüntee 3,0
Tee aus Salbei 4,7
Tee aus Wacholderbeeren 10,9
Teemischung appetitanregend 0,5
Teemischung harnsäuresenkend 0,0
Überbackenes Chicoréegemüse 230,9
Wärmende Karottensuppe 133,4
Wärmender Haferflockenbrei 357,5
Weizenfrischkornbrei mit Birnen 309,0

2.4 Nachmittag

Karottenrohkost 74,0
Rettich-Apfel-Joghurt-Frischkost 77,0
Rhabarberkuchen mit Streuseln 475,8
Zwetschgenkuchen 502,5

2.5 Abend

Adzukibohnen-Reis-Suppe 199,4
Basmatireis + Zucchini-Tofupfanne 145,9
Bircher Müsli 384,0
Cranberrisaft 43,5
Curryreis mit Rosinen und Nüssen 275,3
Erdbeer-Joghurt-Mandelmus Mix 134,1
Fein gewürzte Zucchini mit Tomaten 203,2
Fenchel mit gerösteten Walnüssen 341,7
Fenchel-Reissuppe 155,9
Gelbe Linsensuppe 155,1
Gemüse-Grieß-Suppe 198,9
Gemüse-Miso-Suppe mit Tofu 107,0
Geröstete Hirse mit Pflaumenkompott 139,3
Geschnetzeltes Huhn mit Walnüssen und Sherry 303,5
Grießsuppe mit Gemüse 105,5

Hühnerfleisch mit weißen Rüben auf Reis 323,5
Indische Dal-Suppe 255,5
Japanische Algensuppe 47,3
Karottendrink 143,0
Karpfensuppe 166,3
Kompott aus Äpfeln 67,3
Kürbissuppe 104,7
Kuzuwasser 6,8
Lasagne mit Tofucreme 300,5
Linsen-Reis-Eintopf 232,0
Marinierte Pute mit Cashewkernen aus dem Wok 318,8
Minestrone 210,8
Misosuppe mit Tofu 51,0
Polentaschnitte mit Ratatouille 225,5
Porridge 207,5
Reis mit gedämpftem Gemüse 166,7
Reis-Congee mit Honigbirne und schwarzem Sesam 158,9
Reisnudelsuppe mit Shiitakepilzen 65,5
Reissuppe mit geraspelten Karotten und frischen Kräutern 131,0
Rettichgemüse mit Frühlingszwiebeln und Karotten 246,0
Rettichgemüse mit Meerrettich 196,0
Rettichsaft 9,0
Rote Rüben Suppe 282,3
Russische Kasha mit Weißkohl 250,5
Selleriesaft 33,4
Süße Polenta mit Pfirsich 330,5
Tee aus Bärentraubenblättern 0,0
Tee aus Grüntee 3,0
Tee aus Salbei 4,7
Tee aus Wacholderbeeren 10,9
Teemischung appetitanregend 0,5
Teemischung harnsäuresenkend 0,0
Überbackenes Chicoréegemüse 230,9
Wärmende Karottensuppe 133,4
Weizenfrischkornbrei mit Birnen 309,0

3 Rezepte

empfehlenswert = Sie können mehr verwenden
wenig = wenn möglich weniger verwenden
weniger als angegeben = möglichst nicht verwenden

3.1 8 Schätze Reis

Harntreibend, erwärmt den Körper von innen, erweitert die Gefäße, stärkt die Muskeln, reguliert Innenorganfunktionen, stärkt Milz, lindert Diarrhö, reduziert Ausfluss, baut Lunge, Milz und Nieren auf, beruhigt Nerven.

Anzahl Portionen: 4
Kalorien p. Portion 213
Gramm p. Portion 266,25
Kochdauer ca. 1 Stunde
(Kohlehydrat:89,13% / Eiweiß & Fett:10,87%)
100g.≈ Eiweiß 4,52g. Fett:1,32g.
µg. - Ph:18,36 Na:0,75 Ka:8,74 Mg:9,04 Ca:2,25 Fe:0,15 Zn:0,03 Col.:0 Hsr.:7,57

Zutaten:
Lilienzwiebel 1 EL / 5g. ()
Longane 1 EL / 5g. (ja)
Weißwurz 1 EL / 5g. (ja)
Yamswurzel, Yamswurzelknolle 1 EL / 5g. (ja)
Hiobsträne (Samen) YiYi Ren 1 EL / 5g. (ja)
Reis Wilder (Naturreis) 2 Tassen / 240g. (empfehlenswert)
Wasser 8-10 Tassen / 800g. (ja)

Kochanleitung:
Je 1 EL: Bai He (Lilienzwiebel), Longan (Longan/Drachenaugenfrucht), Yu Zhu (Wohlriechender Weißwurz-Wurzelstock), Da Zao, Shan Yao (Yamswurzel, Yamswurzelknolle), Lian Mi, Yi Yi Ren (Samen der Hiobsträne), Qian Shi (Makanasternsamen)Mit heißem Wasser übergießen und ca. 30 Min. einweichen. Anschließend: 1-2 Tassen Reis (normal) hinzufügen und ½ bis 1 Std. köcheln, bis der Reis sehr weich ist. Oder: Aus Vollwertreis ca. 3 Std. lang zusammen mit den Kräutern ein Congee kochen. Dann müssen die Kräuter nicht eingeweicht werden.

3.2 Adzukibohnen-Reis-Suppe

Stärkt Milz, Herz, Nieren und Magen, harntreibend, fördert Durchblutung, lindert Entzündungen.
Anzahl Portionen: 1
Kalorien p. Portion 199
Gramm p. Portion 268
Kochdauer ca. 2 Sunden
(Kohlehydrat:78,84% / Eiweiß & Fett:21,16%)
100g.≈ Eiweiß 10,03g. Fett:0,92g.
µg. - Ph:24,84 Na:1,7 Ka:12,6 Mg:12,64 Ca:14,1 Fe:0,96 Zn:0,2 Col.:0 Hsr.:39,55

Zutaten:
Adzukibohnen 8 EL / 40g. (ja)
Reis Rundkornreis 2 EL / 20g. (ja)
Wasser 2 Tassen / 200g. (ja)
Honig 1 EL / 8g. (wenig)

Kochanleitung:
Eingeweichte Adzukibohnen und Rundkornreis im Verhältnis 4:1 so lange bei kleiner Hitze in Wasser kochen, bis ein dünner Brei entstanden ist. Nach Bedarf süßen und eventuell pürieren. Wirkung: Dieses Rezept kräftigt Nieren, Milz und Magen und ist besonders für Mütter mit zu wenig Milchfluss geeignet.

3.3 Antipasti

Fördert Durchblutung, lindert Entzündungen und Schmerzen, harntreibend, senkt Blutdruck, antioxidativ, antibakteriell, regt Kreislauf an. Hilft bei: Appetitlosigkeit, Magen- und Verdauungsschwäche, Blähungen.
Anzahl Portionen: 3
Kalorien p. Portion 100
Gramm p. Portion 246,83
Kochdauer ca. 40 min.
(Kohlehydrat:53,79% / Eiweiß & Fett:46,21%)
100g.≈ Eiweiß 2,75g. Fett:5,61g.
µg. - Ph:7,93 Na:1,08 Ka:67,5 Mg:5,14 Ca:7,21 Fe:0,24 Zn:0,03 Col.:0 Hsr.:5,8

Zutaten:
Peperoni 1 Stück / 5g. (ja)
Zitrone Saft 1 EL / 10g. (wenig)
Aubergine 1 Stück / 300g. (ja)
Tomate 4 Stück / 200g. (empfehlenswert)
Zucchini 200 g. / 200g. (empfehlenswert)
Zitrone Schale 1/2 Stück / 3g. (ja)

Olivenöl 1 EL / 15g. (ja)
Basilikum (frisch) 8 Blätter / 5g. (ja)
Salz 1 Prise / 0,5g. (wenig)
Koriander 1/2 TL / 2g. (ja)

Kochanleitung:
Peperoni im Ofen bei 250 Grad backen, bis die Schale dunkel wird (ca. 20 Min.). Die Peperoni abdecken und auskühlen lassen, häuten und in ca. 2 cm breite Streifen schneiden. Tomaten halbieren und gemeinsam mit den in Scheiben geschnittenen Auberginen mit Öl bestreichen und im Ofen bei 200 Grad goldbraun backen (ca. 10 Min.). Zucchinischeiben in Grillpfanne (ohne Fett) anbraten. Alles zusammen anrichten, die Marinade aus Olivenöl, Salz und Zitronenschale mischen und über das Gemüse gießen. Mit Koriander bestreuen und 1 Std. ziehen lassen.

3.4 Aprikosen-Hafer-Kugeln mit Acaipulver

Stärkt Abwehrkraft, leicht abführend, antioxidativ.
Anzahl Portionen: 2
Kalorien p. Portion 768
Gramm p. Portion 191
Kochdauer ca. 20 Min.
Allergene: AHO
(Kohlehydrat:60,93% / Eiweiß & Fett:39,07%)
100g.≈ Eiweiß 20,58g. Fett:33,69g.
µg. - Ph:143,33 Na:3,91 Ka:439,01 Mg:61,58 Ca:58,13 Fe:1,94 Zn:0,58 Col.:0 Hsr.:49,16

Zutaten:
Hafer Flocken (Vollkorn) 125 g. / 125g. (empfehlenswert)
Aprikose getrocknet 125 g. / 125g. (wenig)
Mandeln 100 g. / 100g. (ja)
Honig 2 EL / 14g. (wenig)
Acaipulver 3 TL / 9g. (empfehlenswert)
Zitrone Saft 3 EL / 9g. (wenig)

Kochanleitung:
Die gehobelten Mandeln in der Pfanne leicht rösten und abkühlen lassen. Anschließend die Aprikosen im Mixer pürieren und Zitronensaft zufügen. Alle Zutaten miteinander verkneten. Ist die Masse zu locker, geben Sie noch etwas Honig hinzu. Schließlich zu kleinen Kugeln formen und in Haferflocken wälzen.

3.5 Aubergine mit Olivenöl und Kurkuma

Fördert Durchblutung, lindert Entzündung und Schmerzen, fördert Verdauung, hilft Fett zu verdauen, ist harntreibend, senkt Blutdruck.

Anzahl Portionen: 2
Kalorien p. Portion 432
Gramm p. Portion 321,5
Kochdauer ca. 30 Min.
Allergene: A
(Kohlehydrat:47,45% / Eiweiß & Fett:52,55%)
100g.≈ Eiweiß 6,14g. Fett:30,66g.
µg. - Ph:12,28 Na:20,77 Ka:85,6 Mg:5,48 Ca:7,09 Fe:0,18 Zn:0,05 Col.:0,02 Hsr.:9,67

Zutaten:
Aubergine 2 Stück / 300g. (ja)
Olivenöl 4 EL / 60g. (ja)
Tomate 4 Stück / 200g. (empfehlenswert)
Kurkuma (Gelbwurz) 1/2 TL / 1g. (empfehlenswert)
Kümmel 1 Prise / 1g. (ja)
Salz 1 Prise / 1g. (wenig)
Weißbrot (Weizenbrot) 4 Scheiben / 80g. (wenig)

Kochanleitung:
Aubergine in Scheiben schneiden und mit halbierten Tomaten auf einem Backblech ausbreiten. Mit Olivenöl beträufeln und mit Kurkuma, Kümmel und Salz würzen. Im Ofen 20 Min. backen. Mit dem Weißbrot servieren.

3.6 Basmatireis + Zucchini-Tofupfanne

Harntreibend, harmonisiert Milz und Magen, lindert Blähungen. Gut bei Übergewicht und Bluthochdruck. Antioxidativ, fördert Verdauung, entgiftet, stärkt Säfteproduktion, treibt Schweiß, reduziert Blutfett, stärkt Magen.

Anzahl Portionen: 4
Kalorien p. Portion 146
Gramm p. Portion 306,75
Kochdauer ca. 20 min.
Allergene: E
(Kohlehydrat:56,62% / Eiweiß & Fett:43,38%)
100g.≈ Eiweiß 7,95g. Fett:4,89g.
µg. - Ph:13,21 Na:0,7 Ka:33,77 Mg:10,99 Ca:11,98 Fe:0,34 Zn:0,02 Col.:0 Hsr.:7,75

Zutaten:
Soja Tofu 250 g. / 250g. (ja)
Olivenöl 2 EL / 6g. (ja)
Koriander 1/2 TL / 4g. (ja)

Ingwer frisch 1/2 TL / 4g. (ja)
Reis Basmatireis 1/2 Tasse / 60g. (ja)
Wasser 3 Tassen / 200g. (ja)
Zucchini 1 Stück / 700g. (empfehlenswert)

Kochanleitung:
Tofu würfelig schneiden und mit Olivenöl, Tamari, zerstoßenem Koriander und Ingwer marinieren und mindestens 1 Std. ziehen lassen. Basmatireis im Wasser kochen und evtl. mit Zwiebel und Kardamom würzen. Zucchini und Tofu in einer Pfanne in heißem Öl ca. 5-7 Min. rösten und auf Tellern getrennt vom Reis anrichten. Petersilie drüberstreuen. Kann auch kalt als Salat für zuhause oder unterwegs verwendet werden.

3.7 Bircher Müsli

Ballaststoffreich, verdauungsregulierend, lindert Verstopfung, stärkt Magen und Abwehrkraft, fördert Gewichtsabnahme, gut bei Abwehrschwäche und Appetitlosigkeit.

Anzahl Portionen: 1
Kalorien p. Portion 384
Gramm p. Portion 311
Kochdauer ca. 2 Stunden
Allergene: AGH
(Kohlehydrat:69,38% / Eiweiß & Fett:30,62%)
100g.≈ Eiweiß 9,57g. Fett:13,23g.
µg. - Ph:87,92 Na:21,96 Ka:193,37 Mg:28,41 Ca:51,47 Fe:0,78 Zn:0,5 Col.:3,6 Hsr.:26,51

Zutaten:
Müsli 2 EL / 20g. (empfehlenswert)
Hafer Flocken (Vollkorn) 2 EL / 20g. (empfehlenswert)
Joghurt (natur, 3,5 % Fett) 6 EL / 80g. (ja)
Zitrone 1 EL / 10g. (wenig)
Acerola Fruchtnektar oder Pulver 1/2 TL / 1g. (wenig)
Apfel (sauer) 1 Stück / 170g. (wenig)
Haselnüsse 1 EL / 10g. (ja)

Kochanleitung:
Haferflocken in Joghurt einrühren und für einige Stunden (oder über Nacht) in den Kühlschrank stellen. Zum Süßen können Rosinen mit dazu gegeben werden. Dann die geriebenen Nüsse, den Zitronensaft, Acerola und geriebenen Apfel untermengen.

3.8 Couscous-Salat

Bakterizid, beugt Krebs vor, stärkt Magensaftproduktion, fördert Verdauung, regt Leberfunktion an, senkt Blutdruck, stärkt Immunsystem, reduziert Strahlenverletzungen, harntreibend.

Anzahl Portionen: 3
Kalorien p. Portion 338
Gramm p. Portion 285,67
Kochdauer ca. 25 Min.
Allergene: A
(Kohlehydrat:75,44% / Eiweiß & Fett:24,56%)
100g.≈ Eiweiß 12,22g. Fett:7,11g.
µg. - Ph:15,3 Na:17,27 Ka:83,68 Mg:6,5 Ca:21,3 Fe:0,46 Zn:0,07 Col.:0 Hsr.:13,69

Zutaten:
Wasser 250 ml. / 100g. (ja)
Olivenöl 1 EL / 15g. (ja)
Couscous 200 g / 200g. (ja)
Zitrone Saft 3 EL / 30g. (wenig)
Zitrone Schale 1 TL / 2g. (ja)
Tomate 2 Stück / 80g. (empfehlenswert)
Gurke 100 g. / 100g. (empfehlenswert)
Karotte (Mohrrübe, Möhre) 100 g. / 100g. (empfehlenswert)
Petersilie 1 Bund / 100g. (ja)
Lauchzwiebel Schnittlauch 1 Bund / 100g. (ja)
Pfefferminze 3 Äste / 30g. (ja)

Kochanleitung:
In einem kleinen Topf 250 ml Wasser mit Salz und 1 EL Olivenöl zum Kochen bringen. Couscous einrühren, vom Herd nehmen und zugedeckt 5 Min. quellen lassen. Couscous zurück auf den Herd stellen und bei milder Hitze weitere ca. 2 Min. unter ständigem leichten Rühren ziehen lassen. Eventuell noch 1-3 EL heißes Wasser untermischen. Couscous mit Zitronensaft, kleingehackter Zitronenschale und 1 EL Öl vermischen, mit Salz und Pfeffer abschmecken und etwas durchziehen lassen. Couscous mit gewürfelten Tomaten und Gurken, geriebenen Karotten, Petersilie, Schnittlauch und Minze (fein gehackt) vermischen. Couscous-Salat mit Zitronensaft, Salz und Pfeffer abschmecken.

3.9 Cranberrisaft

Antibakteriell, harntreibend. Gut bei Appetitlosigkeit, Arteriosklerose, Blasenentzündung, Durchfall, Fieber, Gicht, Magengeschwür, Mundschleimhautentzündung, Rheuma. Gegen freie Radikale, gegen Erkältung. Beugt Vitamin-C-Mangel vor.

Anzahl Portionen: 1
Kalorien p. Portion 43
Gramm p. Portion 160
Kochdauer ca. 5 Min.
(Kohlehydrat:98,46% / Eiweiß & Fett:1,54%)
100g.≈ Eiweiß 0,14g. Fett:0,02g.
µg. - Ph:2,06 Na:1,53 Ka:11,69 Mg:1,16 Ca:4,22 Fe:0,09 Zn:0,1 Col.:0 Hsr.:3,12

Zutaten:
Cranberries 2 EL / 25g. (empfehlenswert)
Wasser 1 Tasse / 125g. (ja)
Honig 1 EL / 10g. (wenig)

Kochanleitung:
Cranberries und etwas Wasser mit dem Pürierstab zu einem Brei mixen. Mit dem restlichen Wasser aufgießen und mit Honig süßen.

3.10 Curryreis mit Rosinen und Nüssen

Stoppt Durchfall, fördert Verdauung, regt Appetit an, harmonisiert Magen, fördert Durchblutung, verbessert Medikamentenwirkung, entschlackt die Haut, regt Nerven an, befreit Atmung, erhöht Körpertemperatur, schweißtreibend.
Anzahl Portionen: 4
Kalorien p. Portion 275
Gramm p. Portion 291
Kochdauer ca. 30 min.
Allergene: HO
(Kohlehydrat:76,19% / Eiweiß & Fett:23,81%)
100g.≈ Eiweiß 3,78g. Fett:8,88g.
µg. - Ph:12,77 Na:2,26 Ka:25,36 Mg:5,82 Ca:3,11 Fe:0,14 Zn:0,02 Col.:0 Hsr.:4,85

Zutaten:
Sonnenblumenöl 1 EL / 15g. (ja)
Zwiebel weiss 1 Stück / 50g. (ja)
Curry 1/2 TL / 2g. (wenig)
Reis Wilder (Naturreis) 1 Tasse / 120g. (empfehlenswert)
Salz 1 Prise / 1g. (wenig)
Weißwein 1/8 Liter / 125g. (wenig)
Zitrone alternativ für Weißwein / g. (wenig)
Paprika (Rosenpaprikapulver) 1 Prise / 1g. (ja)
Apfel (süß) 2 Stück / 300g. (empfehlenswert)
Rosinen 2 EL / 25g. (ja)
Walnüsse 2 EL / 25g. (ja)
Wasser 6 Tassen / 500g. (ja)

Kochanleitung:
Öl in einem Topf erhitzen und kleingeschnittene Zwiebeln darin glasig dünsten. Curry dazugeben und kurz aufschäumen lassen. Dann rohen Reis einige Minuten bei schwacher Hitze unter ständigem Rühren darin anbraten. Salz, einen Schuss Weißwein oder Zitronensaft, Rosenpaprika, süße Äpfel (kleingeschnitten), Rosinen und gehackte, geröstete Nüsse zufügen. Mit heißem Wasser übergießen, bis alles gut bedeckt ist und köcheln lassen, bis der Reis gar ist. Dazu passt: Karotten-Fenchel-Gemüse, Hülsenfrüchte mit gekochtem Gemüse, geschnetzeltes Geflügel mit Ingwer und Pilzen.

3.11 Dinkel mit Obst und Nüssen

Regt Appetit an, stoppt Durchfall, fördert Verdauung, lindert Müdigkeit, schützt vor Tumorleiden und Leukämie, wirkt förderlich bei Lebensmittelallergien, ist stoffwechselregulierend, senkt Blutzucker und Cholesterin, entzündungshemmend im Magen-Darm-Trakt.

Anzahl Portionen: 3
Kalorien p. Portion 289
Gramm p. Portion 286,33
Kochdauer ca. 1 1/2 Stunden
Allergene: AH
(Kohlehydrat:76% / Eiweiß & Fett:24%)
100g.≈ Eiweiß 8,64g. Fett:6,67g.
µg. - Ph:9,7 Na:8,81 Ka:25,53 Mg:3,53 Ca:2,83 Fe:0,14 Zn:0,02 Col.:0 Hsr.:2,96

Zutaten:
Dinkel 1 Tasse / 120g. (ja)
Wasser 1 Tasse / 50g. (ja)
Apfel (süß) 1 Stück / 220g. (empfehlenswert)
Aprikose 1 Stück / 200g. (wenig)
Pfirsich 1 Stück / 120g. (empfehlenswert)
Zimtpulver 1 Prise / 1g. (ja)
Kardamom 1 Prise / 1g. (ja)
Salz 1 Prise / 1g. (wenig)
Erdbeere 1 Tasse / 120g. (empfehlenswert)
Mandelmus 1 EL / 15g. (ja)
Kakao 1 Prise / 1g. (ja)
Walnüsse 1 EL / 10g. (ja)

Kochanleitung:
Dinkel in heißem Wasser aufsetzen und gar kochen. Danach: Süßes, kleingeschnittenes Obst (Äpfel, Aprikosen, Pfirsiche) in wenig heißem Wasser mit etwas Zimt kurz andünsten. Gemahlenen Kardamom und/oder Koriander, eine kleine Prise Salz, den gekochten Dinkel und

evtl. Erdbeeren (nach Jahreszeit) dazugeben und erhitzen. Mit Kakao und gerösteten Nüssen überstreuen.

3.12 Erdbeer-Joghurt-Mandelmus Mix

Lindert Schmerzen und Entzündungen bei Rheuma, leicht abführend, entgiftet, bakterizid. Gut bei akuter oder chronischer Verstopfung.
Anzahl Portionen: 3
Kalorien p. Portion 134
Gramm p. Portion 303,67
Kochdauer ca. 5 Min.
Allergene: GH
(Kohlehydrat:72,83% / Eiweiß & Fett:27,17%)
100g.≈ Eiweiß 4,53g. Fett:3,36g.
µg. - Ph:14,01 Na:4,45 Ka:50,73 Mg:5,21 Ca:17,13 Fe:0,28 Zn:0,02 Col.:0,12 Hsr.:6,49

Zutaten:
Joghurt (natur, 1,5 % Fett) 200 g / 200g. (ja)
Erdbeere 700 g. / 700g. (empfehlenswert)
Honig 1 TL / 3g. (wenig)
Acerola Fruchtnektar oder Pulver 1 TL / 2g. (wenig)
Mandelmus 2 TL / 6g. (ja)

Kochanleitung:
Joghurt, Erdbeeren, Acerola, Honig und Mandelmus im Mixer fein pürieren.

3.13 Fein gewürzte Zucchini mit Tomaten

Harntreibend, fördert Verdauung, hilft Fett zu verdauen, senkt Blutdruck, löst Stagnation, antioxidativ, erwärmt den Körper von innen, erweitert die Gefäße.
Anzahl Portionen: 4
Kalorien p. Portion 203
Gramm p. Portion 396,5
Kochdauer ca. 10 Min.
(Kohlehydrat:71,84% / Eiweiß & Fett:28,16%)
100g.≈ Eiweiß 5,39g. Fett:6,62g.
µg. - Ph:10,4 Na:0,79 Ka:35,33 Mg:6,3 Ca:5,58 Fe:0,26 Zn:0,02 Col.:0 Hsr.:5,53

Zutaten:
Olivenöl 1 EL / 20g. (ja)
Zwiebel weiss 2 Stück / 120g. (ja)
Zucchini 4 Stück / 800g. (empfehlenswert)
Oregano getrocknet 1 Prise / 1g. (ja)
Basilikum (frisch) 6-8 Blatt / 3g. (ja)
Salz 1 Prise / 1g. (wenig)

Tomate 2 Stück / 120g. (empfehlenswert)
Reis Vollkorn 1 Tasse / 120g. (empfehlenswert)
Wasser 6 Tassen / 400g. (ja)
Salz 1 Prise / 1g. (wenig)

Kochanleitung:
Fein geschnittene Zwiebeln und klein geschnittene Zucchini in Olivenöl in einer Pfanne anbraten, bis sie halb gar sind und reichlich getrockneten Oregano dazugeben. Salzen und klein geschnittene Tomaten einige Minuten mitdünsten, bis die Zucchini gar, aber noch knackig sind. Mit frischem Basilikum anrichten. Variante: Über die Tomaten etwas Schafskäse geben und mit geschlossenem Deckel zu Ende garen. Den Reis im gesalzenen Wasser aufsetzen, aufkochen lassen und bei kleiner Hitze ca. 15 Min. quellen lassen.

3.14 Fenchel mit gerösteten Walnüssen

Stärkt Magen, entgiftet, lindert Entzündungen, verbessert Durchblutung, verbessert Medikamentenwirkung, regt Appetit an, antioxidativ, fördert Verdauung, regt an, löst Stagnation.

Anzahl Portionen: 4
Kalorien p. Portion   342
Gramm p. Portion   336,25
Kochdauer ca.   20 Min.
Allergene: HO
(Kohlehydrat:54,13% / Eiweiß & Fett:45,87%)
100g.≈ Eiweiß 8,8g. Fett:16,38g.
µg. - Ph:12,18 Na:13,51 Ka:80,99 Mg:8,92 Ca:17,54 Fe:0,45 Zn:0,02 Col.:0 Hsr.:3,52

Zutaten:
Fenchel 4 Stück / 800g. (empfehlenswert)
Muskatnuss 1 Prise / 1g. (ja)
Ingwer frisch 1/2 TL / 1g. (ja)
Salz 1 Prise / 1g. (wenig)
Weißwein 1/8 Liter / 125g. (wenig)
Paprika (Rosenpaprikapulver) 1 Prise / 1g. (ja)
Olivenöl 2 EL / 40g. (ja)
Walnüsse 2 EL / 35g. (ja)
Wasser 2 Tassen / 220g. (ja)
Mais Gries (Polenta) 1 Tasse / 120g. (ja)
Salz 1 Prise / 1g. (wenig)

Kochanleitung:
Ganz wenig Wasser in einem Topf erhitzen. In Streifen geschnittenen Fenchel kurz darin andünsten. Muskat, etwas geriebenen Ingwer, Salz,

einen Schuss Weißwein und Rosenpaprika zugeben und solange dünsten, bis das Gemüse gar, aber noch knackig ist. Etwas Olivenöl unterrühren und mit gerösteten Walnüssen bestreuen. Die Polenta in einen Topf mit heißem Wasser unter ständigem Rühren einrieseln lassen, bis die Polenta die gewünschte Konsistenz hat und dann salzen. Die Polenta vom Herd nehmen und ca. 10 Min. quellen lassen.

3.15 Fenchel-Reissuppe

Stärkt Magen, lindert Verstopfung, regt Nerven an, entgiftet, lindert Entzündungen, verbessert Durchblutung.
Anzahl Portionen: 2
Kalorien p. Portion 156
Gramm p. Portion 234
Kochdauer ca. 15-20 Min.
Allergene: EG
(Kohlehydrat:88,32% / Eiweiß & Fett:11,68%)
100g.≈ Eiweiß 3,57g. Fett:6,65g.
µg. - Ph:14,68 Na:32,47 Ka:82,14 Mg:105,79 Ca:110,69 Fe:0,54 Zn:0,06 Col.:1,92 Hsr.:4,9

Zutaten:
Grundrezept für eine Reissuppe (Congee) 300 ml. / 300g. (ja)
Fenchel 1/2 Stück / 150g. (empfehlenswert)
Butter Bio 1 EL / 15g. (ja)
Sojasauce 1 Schuss / 3g. (ja)

Kochanleitung:
Fenchel in der Reissuppe (nach Grundrezept) weich kochen. Vor dem Servieren ein Stück Butter und etwas Sojasoße zugeben.

3.16 Gegrillte Lachssteaks mit Blumenkohl und Kartoffeln

Verbessert Verdauung, regeneriert Haut, harntreibend, senkt Cholesterinspiegel.
Anzahl Portionen: 4
Kalorien p. Portion 329
Gramm p. Portion 386,75
Kochdauer ca. 30 Min.
Allergene: D
(Kohlehydrat:33% / Eiweiß & Fett:67%)
100g.≈ Eiweiß 33,21g. Fett:24,12g.
µg. - Ph:7,53 Na:1,45 Ka:21,74 Mg:1,35 Ca:0,97 Fe:0,04 Zn:0,03 Col.:0,71 Hsr.:4,74

Zutaten:
Knoblauch 1 Zehe / 1g. (ja)
Zwiebel Schalotte 1/2 Stück / 5g. (ja)
Zitrone Saft 1 Spritzer / 1g. (wenig)
Salz 1 Prise / 1g. (wenig)
Blumenkohl (Karfiol) 1 Stück / 500g. (empfehlenswert)
Olivenöl 2 EL / 20g. (ja)
Knoblauch 1 Zehe / 1g. (ja)
Wasser 1/4 Tasse / g. (ja)
Petersilie 3 EL / 15g. (ja)
Kartoffel 500 g. / 500g. (ja)
Salz 1 Prise / 1g. (wenig)
Lachs 4 Stück (Steaks) / 500g. (empfehlenswert)
Zitrone 1/2 Stück / 2g. (wenig)

Kochanleitung:
Knoblauch-Schalotten-Mischung: Knoblauch fein zerdrücken, Schalotten fein hacken, einen Spritzer Zitronensaft und Salz dazugeben und verrühren. Mit wenig Öl zu einer Paste verrühren. Blumenkohl: Den Blumenkohl in halbwegs gleichmäßige Stücke zerteilen. In einem schweren Topf das Öl erhitzen und den zerdrückten Knoblauch kurz anbraten. Die Blumenkohlstücke hineingeben und im Öl wenden. Etwas Wasser zugießen und so lange kochen, bis der Blumenkohl bissfest ist. Den Blumenkohl abseihen und das restliche Wasser einkochen lassen, bis eine dicke Soße übrigbleibt. Blumenkohl wieder dazugeben und mit einem Holzlöffel grob zerdrücken. Die gehackte Petersilie und Salz hinzugeben. Kartoffeln: In einem Topf mit viel Wasser die Kartoffeln weich kochen, abseihen und schälen .Lachssteak: Den Backofen bei ca. 180 Grad vorheizen. Die Lachsscheiben mit der Knoblauch-Schalotten-Mischung einreiben und so dicht wie möglich an der Wärmequelle jeweils 4 bis 8 Min. von beiden Seiten grillen. Sie sind fertig, wenn sich beim Einstechen mit einer Gabel das Fleisch leicht teilen lässt. Alles anrichten und mit Zitronenscheiben und der gehackten Petersilie bestreuen.

3.17 Gegrillter Tofu mit Reisnudeln, Spinat und Zuckerschoten

Lindert Blähungen, harntreibend, entgiftend, stärkt Magen-Darm-Funktion, erweitert Blutgefäße, regt Appetit an, fördert Ausscheidung und Durchblutung.

Anzahl Portionen: 4
Kalorien p. Portion 327
Gramm p. Portion 373
Kochdauer ca. 30 Min.
Allergene: E
(Kohlehydrat:49,87% / Eiweiß & Fett:50,13%)
100g.≈ Eiweiß 24,38g. Fett:10,73g.
µg. - Ph:31,18 Na:1,57 Ka:31,66 Mg:18,57 Ca:14,87 Fe:0,41 Zn:0,04 Col.:0 Hsr.:26,16

Zutaten:
Sake 85 ml / 85g. (wenig)
Zucker Ursüße (Zuckerrohr) süß 1 EL / 7g. (wenig)
Knoblauch 5 Zehen / 7g. (ja)
Zwiebel Frühlingszwiebel 3 Stück / 60g. (ja)
Ingwer frisch 3 cm. / 5g. (ja)
Rapsöl 2 EL / 20g. (empfehlenswert)
Spinat 2 Handvoll / 30g. (ja)
Erbse, grün 450 g. / 400g. (ja)
Wasser 1 EL / g. (ja)
Reisnudeln 1 Paket / 250g. (ja)
Wasser 1 Liter / g. (ja)
Basilikum 1 EL / 3g. (ja)
Soja Tofu 500 g. / 500g. (ja)

Kochanleitung:
Für die Marinade: Tamari-Soße, Reiswein, Zucker, zerdrückten Knoblauch, Frühlingszwiebel, geriebenen Ingwer, gehackten Basilikum und das Rapsöl in einer mittelgroßen Schüssel miteinander vermengen. Den Tofu hineingeben und mindestens 1 Std. in der Marinade ziehen lassen. Die Zuckerschoten in einer Pfanne zugedeckt mit wenig Wasser 5 Min. leicht andünsten, den Spinat zufügen und nochmals 3 Min. weiterdünsten. Die Reisnudeln nach Herstellerangaben kochen, abtropfen lassen, mit warmem Wasser nochmals abspülen und abtropfen lassen. Den Grill oder Backofengrill vorheizen, den Tofu von beiden Seiten jeweils 5 Min. grillen und beiseite stellen. Die Nudeln auf den Tellern anrichten, das Gemüse rundherum aufteilen und den Tofu über die Nudeln geben. Mit der Marinade übergießen.

3.18 Gelbe Linsensuppe

Stärkt Milz, Herz und Nieren, harntreibend, beruhigt den Magen, fördert Verdauung, stärkt Immunsystem, beugt Krebs vor, reduziert Strahlenverletzungen, regt Leberfunktion an, antioxidativ.

Anzahl Portionen: 7
Kalorien p. Portion 155
Gramm p. Portion 324
Kochdauer ca. 20 min.
Allergene: A
(Kohlehydrat:73% / Eiweiß & Fett:27%)
100g.≈ Eiweiß 7,59g. Fett:1,91g.
µg. - Ph:0,84 Na:1,47 Ka:3,19 Mg:0,35 Ca:0,64 Fe:0,02 Zn:0,01 Col.:0 Hsr.:1,11

Zutaten:
Linsen gelb 1/2 Kg. / 500g. (ja)
Karotte (Mohrrübe, Möhre) 2 Stück / 150g. (empfehlenswert)
Kohlrabi 1 Stück / 300g. (empfehlenswert)
Zwiebel weiss 1 Stück / 50g. (ja)
Petersilie 1/2 Bund / 100g. (ja)
Kurkuma (Gelbwurz) 1 Prise / 1g. (empfehlenswert)
Kardamom 1 Prise / 1g. (ja)
Salz 1 Prise / 1g. (wenig)
Olivenöl 1 EL / 10g. (ja)
Wasser 1 Liter / 1000g. (ja)
Zitrone Saft 1/2 Stück / 15g. (wenig)
Weißbrot (Weizenbrot) 7 Scheiben / 140g. (wenig)

Kochanleitung:
Linsen gründlich in einem Sieb waschen. In einem Topf Öl erhitzen, fein geschnittene Zwiebel, in Scheiben geschnittene Karotten, in Würfel geschnittenen Kohlrabi und Gewürze kurz darin anbraten und salzen. Linsen dazugeben und mit Wasser bedeckt 20 Min. köcheln lassen. Nach Bedarf mit Wasser ergänzen und mit Salz abschmecken. Mit frischer Petersilie oder frischem grünen Koriander bestreuen und mit Zitronensaft beträufeln. Hier kann man auch rote Linsen verwenden (gleiche Kochzeit). Mit Weißbrot servieren.

3.19 Gemüse-Grieß-Suppe

Harntreibend, harmonisiert Magen und Darm, senkt Blutdruck, regt Verdauung an, reduziert Schmerzen, entgiftet. Gut bei Appetitlosigkeit, Blähungen, Darmentzündungen, Sodbrennen.

Anzahl Portionen: 3
Kalorien p. Portion 199
Gramm p. Portion 459,67
Kochdauer ca. 20 Min.
Allergene: AEGL
(Kohlehydrat:78,84% / Eiweiß & Fett:21,16%)
100g.≈ Eiweiß 6,38g. Fett:7,03g.
µg. - Ph:12,79 Na:13,89 Ka:69,81 Mg:18,98 Ca:66,25 Fe:0,28 Zn:0,04 Col.:0,39 Hsr.:8,64

Zutaten:
Grundrezept für eine Gemüsebrühe nahrhaft 1/2 Liter / 500g. (ja)
Kartoffel 1 Stück / 80g. (ja)
Pastinake 1 Stück / 180g. (ja)
Karotte (Mohrrübe, Möhre) 1 Stück / 120g. (empfehlenswert)
Sellerie Knolle 150 g. / 150g. (empfehlenswert)
Kohlrabi 1/2 Stück / 200g. (empfehlenswert)
Bohnen (grün, frisch) 10 dag. / 100g. (empfehlenswert)
Weizen Gries 2 EL / 24g. (ja)
Liebstöckel 1/2 TL / 2g. (ja)
Butter Bio 1 EL / 20g. (ja)
Sojasauce 1 TL / 3g. (ja)

Kochanleitung:
Vorbereitete Gemüsebrühe erhitzen und buntes Gemüse darin weich kochen. Etwas Weizengrieß einstreuen und quellen lassen. Am Schluss reichlich Liebstöckelgrün und etwas Butter unterrühren und mit Sojasoße abschmecken.

3.20 Gemüse-Miso-Suppe mit Tofu

Sehr kräftigend, stärkt nach fiebriger Erkrankung, senkt Blutdruck, stärkt Immunsystem, beugt Krebs vor, reduziert Strahlenverletzungen, fördert Durchblutung, stärkt Magen, Leber und Nieren, entgiftet, stärkt Muskeln, lindert Blähungen.

Anzahl Portionen: 4
Kalorien p. Portion 107
Gramm p. Portion 247,75
Kochdauer ca. 15 Min.
Allergene: EN
(Kohlehydrat:22,33% / Eiweiß & Fett:77,67%)
100g.≈ Eiweiß 1,86g. Fett:9,4g.
µg. - Ph:3,93 Na:13,88 Ka:10,98 Mg:1,98 Ca:4,08 Fe:0,07 Zn:0,01 Col.:0 Hsr.:1,45

Zutaten:
Sesamöl 2 EL / 35g. (empfehlenswert)
Zwiebel Schalotte 1 Stück / 20g. (ja)
Karotte (Mohrrübe, Möhre) 1 Stück / 70g. (empfehlenswert)
Lauch (Porree) 5 cm / 10g. (ja)
Wasser 3/4 Liter / 750g. (ja)
Endiviensalat 2 EL / 30g. (ja)
Soja Tofu 2 EL / 30g. (ja)
Ingwer frisch 1/2 TL / 1g. (ja)
Miso 2 EL / 15g. (ja)

Kochanleitung:
In Sesamöl erst Zwiebeln, dann Karotten sowie den Lauch anbraten und mit Wasser aufgießen und leise köcheln lassen. Sojasprossen und Endivienblätter zugeben und ziehen lassen. Tofuwürfel und etwas Ingwer zugeben und zum Schluss in etwas abgekühltem Kochwasser gelöstes Miso einrühren.

3.21 Gemüsesaft

Fördert Verdauung, hilft Fett zu verdauen, harntreibend, senkt Blutdruck, bakterizid, stärkt Magen und Immunsystem, beugt Krebs vor, reduziert Strahlenverletzungen, vertreibt innere Kälte, wirkt anregend.
Anzahl Portionen: 1
Kalorien p. Portion   64
Gramm p. Portion   225
Kochdauer ca.   15 Min.
Allergene: L
(Kohlehydrat:82,23% / Eiweiß & Fett:17,77%)
100g.≈ Eiweiß 2,47g. Fett:0,44g.
µg. - Ph:33,92 Na:30,92 Ka:205,63 Mg:13,57 Ca:34,59 Fe:1,18 Zn:0,33 Col.:0 Hsr.:19,76

Zutaten:
Sellerie Knolle 20 g. / 20g. (empfehlenswert)
Karotte (Mohrrübe, Möhre) 100 g. / 100g. (empfehlenswert)
Tomate 100 g. / 100g. (empfehlenswert)
Knoblauch 1 Stück / 2g. (ja)
Salz 1 TL / 2g. (wenig)
Acerola Fruchtnektar oder Pulver 1/2 TL / 1g. (wenig)

Kochanleitung:
Alle Zutaten schälen, mit dem Entsafter zu einem Getränk verarbeiten und Acerola unterrühren.

3.22 Geröstete Hirse mit Pflaumenkompott

Harntreibend, stärkt Milz und Nieren, stärkt die Abwehr, gut bei Pilzinfektionen.
Anzahl Portionen: 4
Kalorien p. Portion 139
Gramm p. Portion 218,25
Kochdauer ca. 30 Min.
Allergene:
(Kohlehydrat:85% / Eiweiß & Fett:15%)
100g.≈ Eiweiß 3,57g. Fett:1,24g.
µg. - Ph:2,99 Na:0,1 Ka:4,37 Mg:1,68 Ca:0,78 Fe:0,09 Zn:0,03 Col.:0 Hsr.:0,93

Zutaten:
Hirse 1 Tasse / 120g. (ja)
Wasser 2 Tassen / 250g. (ja)
Pflaume 2 Tassen / 250g. (empfehlenswert)
Vanilleschote 1 Prise / 1g. (ja)
Wasser 250 g. / 250g. (ja)
Zimtpulver 1 Prise / 1g. (ja)
Acerola Fruchtnektar oder Pulver 1/2 TL / 1g. (wenig)

Kochanleitung:
Hirse kurz anrösten, mit Wasser übergießen, kurz aufkochen und 20 Min. quellen lassen. Pflaumen mit Wasser, Vanille und Zimt 10 Min. kochen und abseihen. Acerola dazugeben und zu der Hirse reichen.

3.23 Geröstete Nüsse

Löst Steine, stärkt Milz und Magen, hilft bei Depressionen.
Anzahl Portionen: 2
Kalorien p. Portion 973
Gramm p. Portion 150
Kochdauer ca. 5 Min.
Allergene: H
(Kohlehydrat:17% / Eiweiß & Fett:83%)
100g.≈ Eiweiß 22,6g. Fett:85,5g.
µg. - Ph:97,58 Na:1,75 Ka:142,42 Mg:45 Ca:29,42 Fe:0,87 Zn:0,78 Col.:0 Hsr.:5,83

Zutaten:
Haselnüsse 100 g. / 100g. (ja)
Cashewnüsse 100 g. / 100g. (ja)
Walnüsse 100 g. / 100g. (ja)

Kochanleitung:
Nüsse in einer Pfanne ca. 5 Min. rösten.

3.24 Geschnetzeltes Huhn mit Walnüssen und Sherry

Stärkt Blut, baut Milz und Magen auf, stärkt Knochenmark und Magen-Darm-Funktion, erweitert Blutgefäße, bakterizid, beugt Krebs vor, befeuchtet den Darm, treibt Schweiß, reduziert Blutfett, regt an.

Anzahl Portionen: 4
Kalorien p. Portion 304
Gramm p. Portion 272
Kochdauer ca. 25 Min.
Allergene: EGHN
(Kohlehydrat:36,28% / Eiweiß & Fett:63,72%)
100g.≈ Eiweiß 20,57g. Fett:25,01g.
µg. - Ph:27,57 Na:7,42 Ka:29,72 Mg:7,25 Ca:3,77 Fe:0,28 Zn:0,02 Col.:1,78 Hsr.:19,84

Zutaten:
Butter Bio 2 EL / 35g. (ja)
Walnüsse 2 EL / 25g. (ja)
Ingwer frisch 1/2 TL / 2g. (ja)
Zwiebel Schalotte 2 Stück / 40g. (ja)
Salz 1 Prise / 1g. (wenig)
Huhn Fleisch 300 g. / 300g. (ja)
Paprika (Rosenpaprikapulver) 1 Prise / 1g. (ja)
Sesam, Weißer 1 TL / 2g. (ja)
Schwarzer Fungu Pilz 4 Stück / 3g. (ja)
Shiitake, getrocknet 4 Stück / 5g. (ja)
Sojasauce 1 Schuss / 3g. (ja)
Reis Vollkorn 1 Tasse / 120g. (empfehlenswert)
Wasser 6 Tassen / 550g. (ja)
Salz 1 Prise / 1g. (wenig)

Kochanleitung:
In einer Pfanne Butter oder Sesamöl erhitzen. Darin Walnüsse, reichlich geriebenen Ingwer, kleingeschnittene Schalotten oder Zwiebeln leicht anbraten. Salz und das geschnetzelte Huhn zufügen und rundherum anbraten. Rosenpaprika, gerösteten Sesam, eingeweichten schwarzen Fungu, Shiitakepilze oder Champignons dazugeben und mit einem Schuss Sherry ablöschen. 5-10 Min. köcheln lassen, bis das Fleisch gar ist und mit Sojasoße abschmecken. Reis in gesalzenem Wasser aufkochen lassen und bei kleiner Hitze ca. 15 Min. quellen lassen. Dazu passt: Feldsalat, Radicchio

3.25 Getreide-Obst-Brei

Liefert viel Vitamin C, stärkt Abwehrkraft, antiparasitär.
Anzahl Portionen: 1
Kalorien p. Portion 175
Gramm p. Portion 215
Kochdauer ca. 10 Min.
Allergene: A
(Kohlehydrat:71% / Eiweiß & Fett:29%)
100g.≈ Eiweiß 2,7g. Fett:6,92g.
µg. - Ph:41,51 Na:2,49 Ka:91 Mg:16,16 Ca:10,4 Fe:0,66 Zn:0,47 Col.:0 Hsr.:21,3

Zutaten:
Hafer Flocken (Vollkorn) 20 g. / 20g. (empfehlenswert)
Wasser 90 g. / 90g. (ja)
Apfelsaft (Naturtrüb) 100 g. / 100g. (ja)
Rapsöl 5 g. / 5g. (empfehlenswert)

Kochanleitung:
Die Getreideflocken mit Wasser kurz aufkochen. Instantflocken braucht man nur mit heißem Wasser anrühren. Obstsaft oder -püree und Fett unterrühren. Das frische Obst (zum Beispiel Äpfel, Birnen, Pfirsiche) kann roh zerdrückt oder gerieben werden. Geeignet sind auch Tiefkühlobst oder industriell eingemachtes Obst in Gläsern ohne Zuckerzusätze. Bananen sollten Sie mit weniger süßem Obst vermischt anbieten.

3.26 Grießsuppe mit Gemüse

Senkt Blutdruck, stärkt Immunsystem, beugt Krebs vor, stärkt Magen, löst Stagnation, fördert Gewichtsabnahme. Gut bei Abwehrschwäche, Appetitlosigkeit, Blähungen, Bluthochdruck, Depressionen, Diabetes, Durchfall, Rheuma, Sodbrennen, Zwölffingerdarmgeschwür.
Anzahl Portionen: 3
Kalorien p. Portion 106
Gramm p. Portion 237,7
Kochdauer ca. 20 Min.
Allergene: AGL
(Kohlehydrat:85,32% / Eiweiß & Fett:14,68%)
100g.≈ Eiweiß 2,38g. Fett:4,25g.
µg. - Ph:8,65 Na:9,11 Ka:25,61 Mg:28,49 Ca:112,45 Fe:0,33 Zn:0,03 Col.:0 Hsr.:5,1

Zutaten:
Grundrezept für eine Gemüsebrühe nahrhaft 1/2 Liter / 500g. (ja)
Weizen Gries 2 EL / 20g. (ja)
Liebstöckel 1/2 TL / 2g. (ja)
Basilikum (frisch) 1/2 TL / 1g. (ja)
Muskatnuss 1 Prise / 0,1g. (ja)
Karotte (Mohrrübe, Möhre) 100 g. / 100g. (empfehlenswert)
Sellerie Knolle 50 g. / 50g. (empfehlenswert)
Sahne, süß 30% 3 EL / 30g. (wenig)
Petersilie 1 EL / 10g. (ja)

Kochanleitung:
Grieß ohne Fett in einer Pfanne anrösten. Kleingeschnittene Karotten und Sellerie kurz mitrösten. Mit der Gemüsesuppe aufgießen, mit Liebstöckel und Muskatnuss würzen und 10 Min. köcheln lassen. Vor dem Servieren die Sahne einrühren und mit Petersilie garnieren.

3.27 Grundrezept für eine Hühnerbrühe

Stärkt Blut, baut Milz und Magen auf, stärkt Knochenmark, senkt Blutdruck, bakterizid, stärkt Immunsystem, beugt Krebs vor, reduziert Strahlenverletzungen, fördert Schwitzen, löst Stagnation. Gut bei Appetitlosigkeit und Blähungen.
Anzahl Portionen: 9
Kalorien p. Portion 90
Gramm p. Portion 244,89
Kochdauer ca. 2-3 Stunden
Allergene: L
(Kohlehydrat:10,44% / Eiweiß & Fett:89,56%)
100g.≈ Eiweiß 15,69g. Fett:11,57g.
µg. - Ph:7,72 Na:5,27 Ka:16,86 Mg:1,2 Ca:3,41 Fe:0,1 Zn:0 Col.:0,25 Hsr.:8,27

Zutaten:
Huhn Fleisch 1/2 Stück / 600g. (ja)
Karotte (Mohrrübe, Möhre) 2 Stück / 150g. (empfehlenswert)
Lauch (Porree) 1 Stange / 45g. (ja)
Sellerie Knolle 1 Stück / 500g. (empfehlenswert)
Ingwer frisch 2 Scheiben / 2g. (ja)
Bockshornklee 1 TL / 2g. (ja)
Wacholderbeere 1 TL / 3g. (empfehlenswert)
Lorbeerblatt 3 Stück / 2g. (ja)
Wasser 1 Liter / 900g. (ja)

Kochanleitung:
Hühnerteile von Fett befreien, in einen Topf mit heißem Wasser geben, kurz aufkochen lassen und entstehenden Schaum abschöpfen. Grob geschnittenes Gemüse und alle Gewürze zugeben und 2-3 Std. bei mittlerer Hitze kochen, dann alles abseihen. Tipp: Wenn Sie das Fleisch als Suppeneinlage verwenden möchten, bereits nach 45 Min. herausnehmen und nur die Knochen in der Suppe lassen.

3.28 Grundrezept für eine nahrhafte Gemüsebrühe

Senkt Blutdruck und Blutfett, bakterizid, stärkt Immunsystem, beugt Krebs vor, stärkt Magen, löst Stagnation, fördert Gewichtsabnahme, hilft bei Appetitlosigkeit, Blähungen, Bluthochdruck, Diabetes, Durchfall.

Anzahl Portionen: 5
Kalorien p. Portion 48
Gramm p. Portion 240,6
Kochdauer ca. 2-3 Stunden
Allergene: L
(Kohlehydrat:71,3% / Eiweiß & Fett:28,7%)
100g.≈ Eiweiß 1,57g. Fett:1,31g.
µg. - Ph:4,86 Na:3,67 Ka:25,68 Mg:1,8 Ca:6,32 Fe:0,1 Zn:0,01 Col.:0 Hsr.:2,78

Zutaten:
Olivenöl 1 EL / 4g. (ja)
Zwiebel weiss 1 Stück / 60g. (ja)
Karotte (Mohrrübe, Möhre) 3 Stück / 200g. (empfehlenswert)
Pastinake 150 g. / 150g. (ja)
Sellerie Knolle 1 Tasse / 100g. (empfehlenswert)
Ingwer frisch 1/2 TL / 2g. (ja)
Zitrone 1/2 Stück / 25g. (wenig)
Wacholderbeere 6 Stück / 6g. (empfehlenswert)
Thymian getrocknet 1 Prise / 1g. (ja)
Liebstöckel 1 EL / 3g. (ja)
Lorbeerblatt 2 Blätter / 1g. (ja)
Salz 1 Prise / 1g. (wenig)
Wasser 3/4 Liter / 650g. (ja)

Kochanleitung:
Gemüse würfelig schneiden. Öl in einem Topf erhitzen, die Zwiebel und das Gemüse darin anbraten, Ingwer und Lorbeer zugeben. Mit kaltem Wasser aufgießen, Zitronensaft zufügen und mit Wacholder, Thymian und Liebstöckel würzen. 2-3 Std. auf kleiner Stufe zugedeckt köcheln lassen. Brühe durch ein Sieb streichen und im Kühlschrank aufbewahren. Sie dient als Suppengrundlage und verfeinert Gemüse, Hülsenfrüchte oder Getreide.

3.29 Grundrezept für eine Rinderbrühe

Stärkt Muskeln, Sehnen und Knochen, senkt Blutdruck, bakterizid, stärkt Immunsystem, beugt Krebs vor, reduziert Strahlenverletzungen, regt Verdauung an, reduziert Schmerzen, fördert Verdauung. Harntreibend, stillt Blutung. Rosmarin fördert Verdauung.

Anzahl Portionen: 10
Kalorien p. Portion 114
Gramm p. Portion 276
Kochdauer ca. 4-8 Stunden
Allergene: O
(Kohlehydrat:22,24% / Eiweiß & Fett:77,76%)
100g.≈ Eiweiß 12,22g. Fett:4,1g.
µg. - Ph:5,14 Na:3,08 Ka:13,39 Mg:1,06 Ca:2,52 Fe:0,09 Zn:0,01 Col.:0,14 Hsr.:3,57

Zutaten:
Rind Suppenfleisch 500 g. / 500g. (ja)
Rind Fleischknochen 200 g. / 200g. (ja)
Essig (Rotweinessig) 1 Schuss / 3g. (ja)
Wacholderbeere 8 Stück / 6g. (empfehlenswert)
Rosmarin 1 Prise / 1g. (ja)
Karotte (Mohrrübe, Möhre) 3 Stück / 210g. (empfehlenswert)
Pastinake 2 Stück / 300g. (ja)
Lauch (Porree) 1 Stück / 200g. (ja)
Ingwer frisch 1/2 TL / 5g. (ja)
Liebstöckel 1 Stiel / 15g. (ja)
Nelke 2 Stück / 2g. (ja)
Piment 6 Stück / 12g. (ja)
Anis (gemeiner Fenchel) 2 Stück / 1g. (ja)
Salz 1 TL / 5g. (wenig)
Wasser 1 1/2 Liter / 1300g. (ja)

Kochanleitung:
Rotweinessig, Wacholderbeeren, Rosmarin, Knochen und Fleisch in Wasser zum Kochen bringen. Karotten, Pastinaken, Lauch, Ingwer, Liebstöckelgrün, Nelken, Piment, Sternanis und etwas Salz zufügen und alles 4-8 Std. köcheln und dann abseihen. Brühe im Kühlschrank aufbewahren.

3.30 Gurkensalat

Gurke kühlt und befeuchtet, entgiftet, unterdrückt Umwandlung von Zucker in Fett, senkt Cholesterinspiegel, beugt Krebs vor, ist harntreibend. Dill wirkt gegen Blähungen, ist krampflösend.

Anzahl Portionen: 2
Kalorien p. Portion 27
Gramm p. Portion 206
Kochdauer ca. 5 min.
Allergene: O
(Kohlehydrat:68% / Eiweiß & Fett:32%)
100g.≈ Eiweiß 1,61g. Fett:0,4g.
µg. - Ph:5,92 Na:2,32 Ka:35,15 Mg:2,16 Ca:4,03 Fe:0,12 Zn:0,05 Col.:0 Hsr.:1,94

Zutaten:
Gurke 1 Stück / 400g. (empfehlenswert)
Salz 1 Prise / 1g. (wenig)
Dill 1 Prise / 1g. (ja)
Essig (Apfelessig) 1 EL / 10g. (ja)

Kochanleitung:
Bio-Gurke mit Schale, konventionelle Gurke schälen, dünn schneiden und würzen.

3.31 Gurkensuppe

Kühlt und befeuchtet, harntreibend, entgiftend, unterdrückt Umwandlung von Zucker in Fett, beugt Krebs vor, fördert Verdauung, schweißtreibend, reduziert Wind, gegen Hefepilzinfektionen.

Anzahl Portionen: 4
Kalorien p. Portion 96
Gramm p. Portion 235,38
Kochdauer ca. 20 min.
Allergene: M
(Kohlehydrat:22,18% / Eiweiß & Fett:77,82%)
100g.≈ Eiweiß 0,92g. Fett:9,03g.
µg. - Ph:2,67 Na:1,28 Ka:15,59 Mg:1,17 Ca:2,57 Fe:0,06 Zn:0,01 Col.:0 Hsr.:0,85

Zutaten:
Olivenöl 2 EL / 35g. (ja)
Gurke 2 Stück / 400g. (empfehlenswert)
Wasser 1/2 Liter / 500g. (ja)
Salbei 3 Blätter / 3g. (ja)
Senf 1/2 TL / 0,5g. (wenig)
Koriander 1 Prise / 1g. (ja)
Kardamom 1 Prise / 1g. (ja)
Salz 1 Prise / 1g. (wenig)

Kochanleitung:
Öl erhitzen und die klein geschnittenen Gurken kurz darin anbraten. Senfkörner, Koriander, Kardamom und Salz dazugeben und kurz mitbraten. Mit dem Wasser übergießen und 10-15 Min. köcheln lassen. Pürieren und mit frisch gehacktem Salbei garnieren.

3.32 Haferflocken mit aromatischen Gewürzen

Stoppt Durchfall, fördert Verdauung, Appetit anregend, harmonisiert Magen, lindert Durchfall, stärkt Abwehrkraft, wirkt entgiftend und stimuliert das Immunsystem. Alginsäure kann zur Entgiftung des Darmes beitragen.

Anzahl Portionen: 3
Kalorien p. Portion 281
Gramm p. Portion 208
Kochdauer ca. 25 min.
Allergene: AH
(Kohlehydrat:69,06% / Eiweiß & Fett:30,94%)
100g.≈ Eiweiß 6,74g. Fett:10,73g.
µg. - Ph:33,91 Na:2,34 Ka:51,76 Mg:12,79 Ca:8,03 Fe:0,44 Zn:0,11 Col.:0 Hsr.:12,35

Zutaten:
Hafer Flocken (Vollkorn) 1 Tasse / 125g. (empfehlenswert)
Walnüsse 1 EL / 15g. (ja)
Haselnüsse 1 EL / 15g. (ja)
Wasser 2 Tassen / 240g. (ja)
Wakame 2 cm. / 2g. (ja)
Apfel (süß) 1 Stück / 220g. (empfehlenswert)
Kardamom 3-4 Kapseln / 2g. (ja)
Zitronenmelisse (frisch) 3-4 Blätter / 3g. (empfehlenswert)
Acerola Fruchtnektar oder Pulver 1 TL / 2g. (wenig)

Kochanleitung:
Haferflocken und Nüsse rösten und mit heißem Wasser aufgießen. Kardamom und Wakame 20 Min. darin kochen. Geriebenen Apfel, Acerola und Zitronenmelisse zugeben.

3.33 Haferflockensuppe mit Frühlingszwiebeln und Karotten

Senkt Blutdruck, ist bakterizid, stärkt Immunsystem, beugt Krebs vor, reduziert Strahlenverletzungen, regt Verdauung an, reduziert Schmerzen, fördert Appetit, löst Stagnation.

Anzahl Portionen: 3
Kalorien p. Portion 135
Gramm p. Portion 266,33
Kochdauer ca. 30 min.
Allergene: AG
(Kohlehydrat:64,93% / Eiweiß & Fett:35,07%)
100g.≈ Eiweiß 3,87g. Fett:5,6g.
µg. - Ph:11,02 Na:3,09 Ka:23,66 Mg:4,24 Ca:7,66 Fe:0,29 Zn:0,05 Col.:0,5 Hsr.:4,9

Zutaten:
Hafer 6 EL / 48g. (ja)
Karotte (Mohrrübe, Möhre) 2 Stück / 200g. (empfehlenswert)
Butter Bio 1 EL / 15g. (ja)
Muskatnuss 1 Prise / 1g. (ja)
Liebstöckel 1 Stiel / 15g. (ja)
Zwiebel Frühlingszwiebel 2 Stück / 40g. (ja)
Wasser 1/2 Liter / 480g. (ja)

Kochanleitung:
Haferflocken in Butter anrösten, Salz und Gewürze zugeben, mit Wasser aufgießen und aufkochen lassen. Nach 10 Min. die geriebenen Karotten und den Liebstöckel zufügen und weitere 10 Min. kochen. Zwiebeln fein schneiden und dazugeben.

3.34 Hühnerfleisch mit weißen Rüben auf Reis

Huhn stärkt Blut und Knochenmark und Reis ist gut zur Entwässerung des Körpers bei Übergewicht und Bluthochdruck.

Anzahl Portionen: 4
Kalorien p. Portion 323
Gramm p. Portion 335,75
Kochdauer ca. 45 Min.
Allergene: GL
(Kohlehydrat:40% / Eiweiß & Fett:60%)
100g.≈ Eiweiß 26,26g. Fett:27,38g.
µg. - Ph:6,15 Na:1,56 Ka:8,19 Mg:1,93 Ca:2,54 Fe:0,07 Zn:0,02 Col.:1,63 Hsr.:4,88

Zutaten:
Butter Bio 2 EL / 20g. (ja)
Olivenöl 2 EL / 20g. (ja)
Zwiebel weiss 1 Stück / 60g. (ja)
Speiserüben 4 Stück / 200g. (empfehlenswert)
Knoblauch 2 Stück / 3g. (ja)
Grundrezept für eine Hühnerbrühe wärmend 1/4 Liter / 100g. (ja)
Petersilie 3 EL / 15g. (ja)
Salz 1 Prise / 1g. (wenig)
Olivenöl 1 TL / 4g. (ja)
Huhn Fleisch 400 g. / 400g. (ja)
Wasser 6 Tassen / 400g. (ja)
Reis Basmatireis 1 Tasse / 120g. (ja)

Kochanleitung:
Die Butter und das Öl In einem schweren Topf bei niedriger Temperatur erhitzen. Die Zwiebel dazugeben, umrühren und etwa 20 Min. lang bei sehr schwacher Hitze weich und goldbraun dünsten. Die kleingeschnittenen Rüben und die gehackten Knoblauchzehen hineingeben und gut umrühren. Mit der Hühnerbrühe oder Wasser aufgießen, etwas Salz hinzufügen und zum Kochen bringen. Die Wärmezufuhr drosseln, den Deckel auflegen und die Rüben etwa 20 Min. köcheln lassen. Dazwischen hin und wieder nachsehen, ob noch genügend Flüssigkeit im Topf ist und bei Bedarf etwas Hühnerbrühe aufgießen. Am Schluss sollte nur noch sehr wenig Flüssigkeit im Topf sein. Den Deckel abnehmen und die restliche Flüssigkeit unter ständigem Rühren verdampfen lassen. In der Zwischenzeit in einer Pfanne mit wenig Öl die kleingeschnittenen Hühnerfleischstücke braten. Zum Schluss mit ein wenig Chili bestreuen und noch einmal unter ständigem Wenden 1 Min. weiter braten. Den Reis im Verhältnis 6:1 kochen. Hühnerfleischstücke, Rüben und Reis auf Tellern anrichten, die Soße darüber verteilen und mit Petersilie bestreut sofort servieren.
Kleine, frische, unbehandelte Rüben brauchen nicht geschält zu werden. Ansonsten aber sollte man Rüben schälen und 10 Min. lang in heißes Wasser legen. Dadurch werden sie leichter verdaulich und verlieren etwas von ihrem scharfen, stechenden Geruch. Weiße Rüben sind reich an Vitamin C, Kalium und Folsäure.

3.35 Hüttenkäse mit gedünstetem Obst

Gut bei Appetitlosigkeit, Schluckstörungen, schwacher Verdauung, harntreibend.
Anzahl Portionen: 2
Kalorien p. Portion 215
Gramm p. Portion 250
Kochdauer ca. 20 Min.
Allergene: G
(Kohlehydrat:40,48% / Eiweiß & Fett:59,52%)
100g.≈ Eiweiß 18,45g. Fett:6,4g.
µg. - Ph:44,6 Na:114,5 Ka:50,9 Mg:3,7 Ca:25,6 Fe:0,11 Zn:0,09 Col.:0,64 Hsr.:3

Zutaten:
Hüttenkäse 300 g. / 300g. (ja)
Apfel (sauer) 1 Stück / 100g. (wenig)
Birne 1 Stück / 100g. (empfehlenswert)

Kochanleitung:
Äpfel und Birnen gut waschen, mit Schale klein schneiden und in einem Topf mit Dämpfsieb bissfest garen. Herausnehmen und auskühlen lassen. Hüttenkäse anrichten und Obst darauf verteilen.

3.36 Indische Dal-Suppe

Stärkt Herz und Nieren, fördert Verdauung, senkt Blutdruck, erweitert Blutgefäße, fördert Durchblutung, harntreibend, bakterizid, stärkt Immunsystem, Muskeln und Magen-Darm-Funktion, beruhigt den Magen.
Anzahl Portionen: 2
Kalorien p. Portion 255
Gramm p. Portion 267,5
Kochdauer ca. 30 Min.
Allergene: EN
(Kohlehydrat:37% / Eiweiß & Fett:63%)
100g.≈ Eiweiß 4,45g. Fett:17,95g.
µg. - Ph:8,31 Na:10,32 Ka:23,68 Mg:2,67 Ca:5,14 Fe:0,22 Zn:0,09 Col.:0,18 Hsr.:17,45

Zutaten:
Linsen (Helmbohnen) 175 g. / 175g. (empfehlenswert)
Sesamöl 3 EL / 30g. (empfehlenswert)
Karotte (Mohrrübe, Möhre) 1 Stück / 100g. (empfehlenswert)
Zwiebel Schalotte 1 Stück / 15g. (ja)
Wasser 2 Tassen / 200g. (ja)
Ingwer frisch 2 Scheiben / 1g. (ja)
Salz 1 Prise / 0,5g. (wenig)
Sojasauce 1 TL / 3g. (ja)

Petersilie 1 TL gehackte / 3g. (ja)
Thymian 1 TL / 3g. (ja)
Basilikum 1 EL / 5g. (ja)

Kochanleitung:
Linsen über Nacht einweichen. Öl in einem Topf erhitzen und kleingeschnittene Karotte, Zwiebel und den zerkleinerten Ingwer darin anbraten. Mit Wasser aufgießen, Linsen zugeben und weich kochen. Salz oder Sojasoße zufügen und weitere 10 Min. kochen. Vor dem Servieren Petersilie unterheben und mit Thymian oder Basilikum bestreuen. Variante: Andere Kräuter wie Salbei, Rosmarin oder Liebstöckel ermöglichen eine Vielfalt von Geschmacksnuancen.

3.37 Japanische Algensuppe

Nährt Nieren-Yin, kühlt Hitze, löst Verhärtungen. Senkt Blutdruck, bakterizid, stärkt Immunsystem, beugt Krebs vor, reduziert Strahlenverletzungen, fördert Verdauung, entgiftet und stimuliert das Immunsystem.

Anzahl Portionen: 3
Kalorien p. Portion 47
Gramm p. Portion 261,67
Kochdauer ca. 20 Min.
(Kohlehydrat:70% / Eiweiß & Fett:30%)
100g.≈ Eiweiß 3,01g. Fett:0,64g.
µg. - Ph:3,46 Na:14,26 Ka:12,31 Mg:1,31 Ca:2,98 Fe:0,08 Zn:0,03 Col.:0 Hsr.:1,16

Zutaten:
Wakame 25 g. / 25g. (ja)
Wasser 1/2 Liter / 450g. (ja)
Zwiebel Schalotte 1-2 Stk. / 30g. (ja)
Rettich (weiß, grün, lila-rot) 50 g. / 50g. (empfehlenswert)
Karotte (Mohrrübe, Möhre) 2 Stück / 180g. (empfehlenswert)
Miso 2 EL / 20g. (ja)
Petersilie 2 EL / 20g. (ja)
Zwiebel Frühlingszwiebel 1 EL geschnitten / 10g. (ja)

Kochanleitung:
Wakame einige Minuten in Wasser einweichen, herausnehmen und das Wasser zum Kochen bringen. Fein geschnittene Zwiebeln und in feine Streifen geschnittene Wakame, Rettich und Karotten zugeben und weitere 10 Min. köcheln. Miso in etwas abgekühltem Kochwasser lösen und am Ende dazugeben. Mit Petersilie und Frühlingszwiebeln bestreuen.

3.38 Joghurt mit Honig und Nüssen

Lindert Schmerzen, entgiftet, bakterizid, fördert Wundheilung. Gut bei akuter oder chronischer Verstopfung des Darmes. Löst Steine.
Anzahl Portionen: 1
Kalorien p. Portion   258
Gramm p. Portion   167
Kochdauer ca.   5 Min.
Allergene: GH
(Kohlehydrat:61% / Eiweiß & Fett:39%)
100g.≈ Eiweiß 6,79g. Fett:12,43g.
µg. - Ph:107,54 Na:38,83 Ka:167,29 Mg:19,4 Ca:104,46 Fe:0,49 Zn:0,54 Col.:10,48 Hsr.:2,16

Zutaten:
Joghurt (natur, 3,5 % Fett) 125 g. / 125g. (ja)
Honig 2 EL / 30g. (wenig)
Walnüsse 1 EL / 12g. (ja)

Kochanleitung:
Joghurt mit Honig und feingehackten Nüssen mischen.

3.39 Karotten- Reisschleimsuppe

Gegen Durchfall, bei Fieber, bakterizid, stärkt Immunsystem, senkt Blutdruck.
Anzahl Portionen: 1
Kalorien p. Portion   101
Gramm p. Portion   224
Kochdauer ca.   10 Min.
(Kohlehydrat:96% / Eiweiß & Fett:4%)
100g.≈ Eiweiß 2,37g. Fett:0,4g.
µg. - Ph:27,48 Na:20,34 Ka:65,63 Mg:170,89 Ca:178,57 Fe:1,03 Zn:0,34 Col.:0 Hsr.:12,3

Zutaten:
Grundrezept für eine Reissuppe (Congee) 1 Tasse / 120g. (ja)
Karotte (Mohrrübe, Möhre) 2 Stück / 100g. (empfehlenswert)
Salz 1 TL / 4g. (wenig)

Kochanleitung:
Karotten schälen und reiben. Die Reissuppe aufkochen und die geriebenen Karotten sowie Salz zufügen. 10 Min. kochen.

3.40 Karottendrink

Stärkt Milz und Leber, senkt Blutdruck, bakterizid, stärkt Immunsystem, beugt Krebs vor, reduziert Strahlenverletzungen, harntreibend, aufbauend, augenstärkend, entgiftend, gewebe- und nervenstärkend.
Anzahl Portionen: 1
Kalorien p. Portion 143
Gramm p. Portion 265
Kochdauer ca. 15 Min.
Allergene: H
(Kohlehydrat:81% / Eiweiß & Fett:19%)
100g.≈ Eiweiß 3,78g. Fett:2,5g.
µg. - Ph:43,4 Na:22,3 Ka:117,79 Mg:18,2 Ca:36,26 Fe:1,83 Zn:0,55 Col.:0 Hsr.:17,98

Zutaten:
Hirseflocken 1 EL / 10g. (ja)
Karotte (Mohrrübe, Möhre) 400 g. / 200g. (empfehlenswert)
Mandelmus 1 TL / 3g. (ja)
Honig 1/2 TL / 2g. (wenig)
Wasser 50 ml. / 50g. (ja)

Kochanleitung:
Hirseflocken mit 50 ml kaltem Wasser übergießen und 10 Min. quellen lassen. Die frischen Karotten entsaften oder 200 ml Karottensaft verwenden. Hirseflocken, Karottensaft, Mandelmus und Honig mit dem Mixer fein pürieren.

3.41 Karottenrohkost

Stärkt Milz und Leber, senkt Blutdruck, bakterizid, stärkt Immunsystem, beugt Krebs vor, reduziert Strahlenverletzungen, stoppt Durchfall, fördert Verdauung, Appetit anregend, harmonisiert Magen.
Anzahl Portionen: 1
Kalorien p. Portion 74
Gramm p. Portion 154
Kochdauer ca. 10 Min.
(Kohlehydrat:91% / Eiweiß & Fett:9%)
100g.≈ Eiweiß 1,21g. Fett:0,41g.
µg. - Ph:26,57 Na:19,84 Ka:140,47 Mg:10,21 Ca:29,74 Fe:1,4 Zn:0,36 Col.:0 Hsr.:18,25

Zutaten:
Karotte (Mohrrübe, Möhre) 100 g. / 100g. (empfehlenswert)
Apfel (süß) 1 Stück / 50g. (empfehlenswert)
Zitrone Saft 2 TL / 3g. (wenig)
Zuckerersatz (Süßstoff) 1 g. / 1g. (ja)

Kochanleitung:
Zitronensaft mit Süßstoff verrühren. Die gewaschenen, dünn geschälten Karotten und das Apfelstück in die Soße raspeln und untermischen.

3.42 Karpfensuppe

Fördert Milchfluss und Schwitzen, löst Stagnation, senkt Blutdruck, bakterizid, stärkt Immunsystem, fördert Durchblutung, verbessert Medikamentenwirkung, regt Appetit an, stärkt Magen-Darm-Funktion, erweitert Blutgefäße.

Anzahl Portionen: 6
Kalorien p. Portion 166
Gramm p. Portion 316,5
Kochdauer ca. 2 Stunden
Allergene: DO
(Kohlehydrat:28% / Eiweiß & Fett:72%)
100g.≈ Eiweiß 17,89g. Fett:4,48g.
µg. - Ph:2,23 Na:1,04 Ka:3,86 Mg:0,52 Ca:1,11 Fe:0,01 Zn:0,01 Col.:0,61 Hsr.:14,01

Zutaten:
Karpfen 500 g. / 500g. (ja)
Salz 1 Prise / 1g. (wenig)
Essig (Apfelessig) 1 TL / 3g. (ja)
Thymian 1 Zweig / 3g. (ja)
Wacholderbeere 8 Stück / 3g. (empfehlenswert)
Karotte (Mohrrübe, Möhre) 2 Stück / 200g. (empfehlenswert)
Lauch (Porree) 1 Stück / 200g. (ja)
Zwiebel weiss 1 Stück / 60g. (ja)
Ingwer frisch 1/2 TL / 2g. (ja)
Lorbeerblatt 3 Blatt / 1g. (ja)
Weißwein 1/8 Liter / 125g. (wenig)
Basilikum 3 Blatt / 1g. (ja)
Wasser 1 Liter / 800g. (ja)

Kochanleitung:
Vorbereitung: Im Fischgeschäft die Filets von einem mittelgroßen, ganzen Karpfen herauslösen lassen und Fischkopf, Rückgrat mit Gräten und Schwanz ebenfalls einpacken lassen. Die Filetstücke in 1 cm große Würfel schneiden, etwas salzen und beiseite stellen. Fischkopf, Rückgrat mit Gräten und Schwanz des Karpfens in reichlich kaltem Wasser zum Kochen bringen und den Schaum abschöpfen. Einen Spritzer Essig, einen Zweig frischen Thymian und Wacholderbeeren zufügen. Karotte, ein Stück Lauch und grob zerkleinerte Zwiebel dazugeben und mit einer dicken Scheibe Ingwer, einigen Pfefferkörnern, 1 Lorbeerblatt und Salz würzen. Etwa 1,5 Std.

köcheln lassen und den Fond durch ein Sieb gießen. Die Karpfenstücke mit einem Schuss Weißwein in einen Topf geben. Rosenpaprika, Basilikumblättchen, fein gestiftelte Karotten, getrockneten Thymian und den Fond zugeben und erwärmen. Die Zutaten ca. 5 Min. kochen lassen, bis die Fischstücke gar sind. Varianten: Die Suppe mit Kuzu oder Kartoffelbrei andicken. Dazu passt Baguette.

3.43 Kartoffelpuffer

Stärkt Milz, lindert Entzündungen, verbessert Verdauung, regeneriert Haut, harntreibend, beruhigt Nerven und Magen, befeuchtet, führt ab, antiparasitär.

Anzahl Portionen: 1
Kalorien p. Portion 893
Gramm p. Portion 377
Kochdauer ca. 15 Min.
Allergene: ACG
(Kohlehydrat:17,3% / Eiweiß & Fett:82,7%)
100g.≈ Eiweiß 12,4g. Fett:32,76g.
µg. - Ph:69,92 Na:22,7 Ka:275,07 Mg:17,98 Ca:27,85 Fe:0,58 Zn:0,44 Col.:45,38 Hsr.:15,19

Zutaten:
Kartoffel (mehlige) 250 g. / 250g. (ja)
Weizen Mehl 10 g. / 10g. (ja)
Huhn Ei 1 Stück / 35g. (ja)
Rapsöl 2 EL / 20g. (empfehlenswert)
Salz 1 Prise / 1g. (wenig)
Sahne sauer 20% 50 g. / 50g. (empfehlenswert)
Salz 1 Prise / 1g. (wenig)
Kräuter verschiedene 1 EL / 10g. (ja)

Kochanleitung:
Die geschälten Kartoffeln fein reiben, die übrigen Zutaten dazugeben, gut mischen und mit Salz würzen. Öl erhitzen und mit dem Löffel kleine flache Kuchen in die Pfanne geben. Kartoffelpuffer auf beiden Seiten knusprig goldbraun backen. Auf Teller verteilen und mit saurer Sahne anrichten, salzen und mit Kräutern bestreuen.

3.44 Kichererbsen mit Karotten, Hijiki und Rosinen

Nährend, baut Qi auf, senkt Blutdruck, bakterizid, stärkt Immunsystem, entspannt bei Brustdruckgefühl, befeuchtet trockene Haut, hilft bei Inkontinenz, stärkt Milz, Magen und Muskeln.

Anzahl Portionen: 2
Kalorien p. Portion 429
Gramm p. Portion 320
Kochdauer ca. 45 Min.
Allergene: EGO
(Kohlehydrat:76% / Eiweiß & Fett:24%)
100g.≈ Eiweiß 15,66g. Fett:8,23g.
µg. - Ph:20,87 Na:10,25 Ka:24,99 Mg:10,73 Ca:10,61 Fe:0,46 Zn:0,22 Col.:0,13 Hsr.:21,36

Zutaten:
Kichererbsen 1 Tasse / 120g. (ja)
Hijiki 1 EL / 7g. (ja)
Salz 1 Prise / 0,5g. (wenig)
Sonnenblumenöl 1 EL / 10g. (ja)
Karotte (Mohrrübe, Möhre) 2 Stück / 160g. (empfehlenswert)
Rosinen 2 EL / 18g. (ja)
Ingwer frisch 1/2 TL / 2g. (ja)
Cumin (Kreuzkümmel) 1 Prise / 0,2g. (ja)
Zitrone Saft 1 Schuss / 1g. (wenig)
Sauerrahm 15% Fett 1 EL / 8g. (empfehlenswert)
Sojabohnenmilch 1 Schuss / 1g. (ja)
Koriander 1 Prise / 0,2g. (ja)
Sojasauce 1 Schuss / 1g. (ja)
Reis Rundkornreis 1/2 Tasse / 60g. (ja)
Wasser 3 Tassen / 250g. (ja)
Salz 1 Prise / 1g. (wenig)

Kochanleitung:
Vorbereitung: Kichererbsen in kaltem Wasser mehrere Stunden oder über Nacht einweiche n. Einweichwasser wegschütten und die Kichererbsen in kaltem Wasser aufsetzen. 1 EL Hijiki zufügen und die Kichererbsen bissfest kochen. Am Ende der Kochzeit Salz zugeben.
Separat: Öl in einer Pfanne erhitzen. Kleingeschnittene Karotten (eine größere Menge als Kichererbsen), Rosinen, geriebenen Ingwer, reichlich Cumin und Salz zufügen und leicht braten, bis die Karotten halb gar sind. Dann Kichererbsen und Meeresalgen zugeben, zusammen mit Zitronensaft, etwas Sauerrahm, Kurkuma und Soja- oder Reismilch. Eine Prise Koriander und etwas Sojasoße untermengen und einige Minuten bei schwacher Hitze durchziehen lassen, bis die

Karotten gar sind. Rundkornreis mit dem Wasser aufsetzen, salzen und ca. 20 Min. kochen.

3.45 Klare Brühe aus Gänseklein

Stärkt Qi von Milz und Magen, ist sehr kräftigend, fördert Schwitzen, löst Stagnation, senkt Blutdruck und erweitert Blutgefäße. Bakterizid, stärkt Immunsystem und Magen-Darm-Funktion, regt Verdauung an, reduziert Schmerzen.

Anzahl Portionen: 6
Kalorien p. Portion   334
Gramm p. Portion   313,83
Kochdauer ca.   2-3 Stunden
(Kohlehydrat:8% / Eiweiß & Fett:92%)
100g.≈ Eiweiß 20,54g. Fett:17,63g.
µg. - Ph:1,74 Na:1,63 Ka:4,66 Mg:0,3 Ca:0,58 Fe:0,02 Zn:0,01 Col.:0,9 Hsr.:2,06

Zutaten:
Gans (Gänseklein) 500 g. / 500g. (ja)
Karotte (Mohrrübe, Möhre) 1 Stück / 100g. (empfehlenswert)
Zwiebel Schalotte 1 Stück / 25g. (ja)
Lauch (Porree) 1 Stück / 250g. (ja)
Petersilie 1 Zweig / 4g. (ja)
Liebstöckel 1 Zweig / 4g. (ja)
Kerbel 1 Prise / 0,2g. (ja)
Wasser 1 Liter / 1000g. (ja)
Salz 1 Prise / 0,5g. (wenig)

Kochanleitung:
Gänseklein mit Gemüse und Kräutern 2-3 Std. köcheln. Durch ein Sieb abseihen und abkühlen lassen. Entfetten.

3.46 Kompott aus Äpfeln

Apfel (süß) stoppt Durchfall, fördert Verdauung, regt Appetit an, harmonisiert Magen, erwärmt Magen und Milz, fördert Durchblutung.

Anzahl Portionen: 2
Kalorien p. Portion   67
Gramm p. Portion   220,5
Kochdauer ca.   10 Min.
(Kohlehydrat:95,64% / Eiweiß & Fett:4,36%)
100g.≈ Eiweiß 0,24g. Fett:0,46g.
µg. - Ph:2,81 Na:1,03 Ka:36,45 Mg:1,81 Ca:4,33 Fe:0,13 Zn:0,03 Col.:0 Hsr.:3,74

Zutaten:
Apfel (süß) 1 Stück / 220g. (empfehlenswert)
Wasser 2 Tassen / 220g. (ja)
Zimtpulver 1 Prise / 1g. (ja)

Kochanleitung:
Bio-Apfel mit Schalen und Kernen klein geschnitten im Wasser weich kochen und mit Zimt bestreuen.

3.47 Kürbissuppe

Fördert Verdauung, stärkt Magen und Milz, senkt Blutdruck, bakterizid, stärkt Immunsystem, beugt Krebs vor, reduziert Strahlenverletzungen, regeneriert Haut, senkt Cholesterinspiegel, senkt Blutzucker, schützt Leber.

Anzahl Portionen: 3
Kalorien p. Portion 104
Gramm p. Portion 236,33
Kochdauer ca. 1 Stunde
(Kohlehydrat:71% / Eiweiß & Fett:29%)
100g.≈ Eiweiß 2,54g. Fett:3,64g.
µg. - Ph:4,02 Na:0,96 Ka:24,72 Mg:1,82 Ca:2,89 Fe:0,08 Zn:0,02 Col.:0 Hsr.:1,08

Zutaten:
Kürbis 300 g. / 300g. (ja)
Karotte (Mohrrübe, Möhre) 2 Stück / 100g. (empfehlenswert)
Kartoffel 2 Stück / 120g. (ja)
Olivenöl 1 EL / 10g. (ja)
Zwiebel weiss 1 Stück / 50g. (ja)
Wasser 1 Tasse / 120g. (ja)
Petersilie 1 EL / 7g. (ja)
Anis (gemeiner Fenchel) 1 Prise / 1g. (ja)
Salz 1 Prise / 1g. (wenig)

Kochanleitung:
Olivenöl in einer Pfanne erhitzen. In Würfel geschnittenen Kürbis, gewürfelte Karotten und Kartoffeln dazugeben und kurz anbraten. Klein geschnittene Zwiebel zugeben, mit Wasser auffüllen (Gemüse mindestens drei fingerbreit bedecken), aufkochen und leise köcheln lassen. Mit Meersalz und einer Prise Anis würzen, klein geschnittene Petersilie dazugeben. Alles zusammen ca. 35 Min. köcheln lassen. Anschließend die Suppe pürieren und evtl. Wasser zugeben, je nach Konsistenz.

3.48 Kuzuwasser

Enthält viele Vitamine und Mineralstoffe. Zur Stärkung der Darmflora, besonders nach Antibiotikaeinnahme. Beruhigt die Magenschleimhaut und schützt den Magen.

Anzahl Portionen: 1
Kalorien p. Portion 7
Gramm p. Portion 122
Kochdauer ca. 5 Min.
(Kohlehydrat:99,17% / Eiweiß & Fett:0,83%)
100g.≈ Eiweiß 0g. Fett:0,01g.
µg. - Ph:0 Na:0,98 Ka:0 Mg:0,98 Ca:4,92 Fe:0,01 Zn:0,1 Col.:0 Hsr.:0

Zutaten:
Kuzu 1/2 TL / 2g. (ja)
Wasser 1 Tasse / 120g. (ja)

Kochanleitung:
Kuzu zerstoßen, mit lauwarmem Wasser aufgießen und kurz ziehen lassen, bis eine milchige Flüssigkeit entsteht. Dann abseihen.

3.49 Lachs auf Tomaten-Spinat

Nährt und stärkt Blut, fördert Ausscheidung, fördert Durchblutung, stärkt Magen-Darm-Funktion, lindert Entzündungen, regeneriert Haut, harntreibend, senkt Cholesterinspiegel, fördert Schwitzen, löst Stagnation.

Anzahl Portionen: 6
Kalorien p. Portion 365
Gramm p. Portion 354,58
Kochdauer ca. 1 Stunde
Allergene: D
(Kohlehydrat:27,24% / Eiweiß & Fett:72,76%)
100g.≈ Eiweiß 29,54g. Fett:29,9g.
µg. - Ph:19,28 Na:7,43 Ka:53,46 Mg:5,01 Ca:8,25 Fe:0,27 Zn:0,01 Col.:0,28 Hsr.:12,16

Zutaten:
Kartoffel 500 g. / 500g. (ja)
Salz 1 Prise / 1g. (wenig)
Lachs 600 g. / 600g. (empfehlenswert)
Rapsöl 2 TL / 24g. (empfehlenswert)
Tomate 100 g. / 100g. (empfehlenswert)
Spinat 700 g. / 700g. (ja)
Salz 1 Prise / 1g. (wenig)
Pinienkerne 4 EL / 40g. (ja)
Lauch (Porree) 120 g. / 120g. (ja)
Olivenöl 4 EL / 40g. (ja)

Salz 1 Prise / 1g. (wenig)
Pfeffer weiss (gemahlen) 1 Prise / 0,5g. (ja)

Kochanleitung:
Kartoffeln schälen, würfelig schneiden und in Salzwasser gar kochen. Den Lachs in Portionen schneiden und in einer Pfanne von beiden Seiten, leicht mit Salz und Pfeffer gewürzt langsam und gleichmäßig braten, später die Pinienkerne dazugeben und leicht anrösten. Spinat in Salzwasser blanchieren, den klein geschnittenen Lauch mit etwas Rapsöl leicht anschwitzen, den blanchierten Spinat dazugeben und gleichmäßig erwärmen. Kurz vor dem Anrichten die halbierten Cocktailtomaten zum Spinat geben und das Gemüse gut mit Salz und Pfeffer abschmecken. Das Spinat-Lauch-Tomaten-Bett mit den Kartoffeln anrichten, den Lachs dazugeben und die gesalzenen Pinienkerne darauf streuen. Das Gericht mit wenig Olivenöl beträufeln und servieren.

3.50 Lasagne mit Tofucreme

Harmonisiert Milz und Magen, lindert Blähungen, schont die Verdauungsorgane, wirkt bei Appetitlosigkeit, Darmentzündung, Magengeschwür, Rheuma, Sodbrennen, Zwölffingerdarmgeschwür.

Anzahl Portionen: 4
Kalorien p. Portion 301
Gramm p. Portion 231
Kochdauer ca. 45 Min.
Allergene: ACEG
(Kohlehydrat:49,88% / Eiweiß & Fett:50,12%)
100g.≈ Eiweiß 19,3g. Fett:11,86g.
µg. - Ph:35,07 Na:14,02 Ka:27,57 Mg:16,2 Ca:29,05 Fe:0,36 Zn:0,05 Col.:3,83 Hsr.:15,29

Zutaten:
Soja Tofu 400 g. / 400g. (ja)
Huhn Ei 2 Stück / 100g. (ja)
Zwiebel weiss 2 Stück / 120g. (ja)
Tomate 100 g. / 100g. (empfehlenswert)
Oregano getrocknet 1 Prise / 1g. (ja)
Majoran 1 Prise / 1g. (ja)
Paprika (Rosenpaprikapulver) 1 Prise / 1g. (ja)
Salz 1 Prise / 1g. (wenig)
Nudeln (Weizen, Lasagneblätter) mit Ei 150 g. / 150g. (ja)
Edamer 50 g. / 50g. (ja)

Kochanleitung:
Tofucreme: Tofu mit Eiern, Zwiebeln, kleinen Tomaten, Oregano, Majoran, Paprika und etwas Jodsalz mit einer Küchenmaschine mit Messereinsatz oder einem Pürierstab zu einer glatten Masse verarbeiten. Lasagne: In eine Auflaufform (ca. 25 x 15 cm) 1/5 der Tofucreme geben, mit 3 Lasagneblätter abdecken, diesen Vorgang noch 2 x wiederholen und abschließend das letzte Fünftel der Tofucreme über die Teigplatten streichen. Mit etwas geriebenem Edamer bestreuen und im Backofen bei 175 Grad ca. 30 Min. backen.

3.51 Linsen-Reis-Eintopf

Ist sehr nahrhaft, stärkt Herz, Milz und Nieren, senkt Blutdruck, bakterizid, harntreibend, beruhigt den Magen, fördert Verdauung, stärkt Immunsystem. Gut bei Durchblutungsstörungen, Thrombose, Emboliegefahr, Bluthochdruck, Kopfschmerzen.

Anzahl Portionen: 3
Kalorien p. Portion 232
Gramm p. Portion 306,67
Kochdauer ca. 25 Min.
Allergene: LNO
(Kohlehydrat:79% / Eiweiß & Fett:21%)
100g.≈ Eiweiß 5,19g. Fett:5,04g.
µg. - Ph:3,63 Na:1,18 Ka:8,86 Mg:1,61 Ca:2,12 Fe:0,07 Zn:0,03 Col.:0,02 Hsr.:4,92

Zutaten:
Linsen (Helmbohnen) 100 g. / 100g. (empfehlenswert)
Wasser 5 Tassen / 500g. (ja)
Reis Sorte beliebig 1 Tasse / 120g. (ja)
Sesamöl 1 EL / 10g. (empfehlenswert)
Karotte (Mohrrübe, Möhre) 2 Stück / 150g. (empfehlenswert)
Sellerie Stangensellerie 2 Stangen / 20g. (empfehlenswert)
Cumin (Kreuzkümmel) 1 Prise / 0,2g. (ja)
Salz 1 Prise / 0,5g. (wenig)
Essig (Apfelessig) 1 Schuss / 2g. (ja)
Petersilie 2 EL / 18g. (ja)

Kochanleitung:
Linsen am Vortag einweichen. Sesamöl in einem Topf erhitzen. Karotte und Stangensellerie klein schneiden und darin anbraten. Reis, eine Prise Cumin und Linsen dazugeben und aufkochen. Wenn die Linsen weich sind, Salz zugeben, mit etwas Essig abschmecken und mit Petersilie garnieren. Variante: Im Sommer kann man das Cumin weglassen und frische grüne Erbsen oder Chinakohl verwenden.

3.52 Marinierte Pute mit Cashewkernen aus dem Wok

Stärkt Blut, baut Milz und Magen auf, stärkt Knochenmark, zur Entwässerung des Körpers bei Übergewicht und Bluthochdruck. Fördert Verdauung, hilft, Fett zu verdauen, harntreibend, senkt Blutdruck.

Anzahl Portionen: 4
Kalorien p. Portion 318
Gramm p. Portion 328
Kochdauer ca. 30 Min.
Allergene: ELNO
(Kohlehydrat:55% / Eiweiß & Fett:45%)
100g.≈ Eiweiß 21,49g. Fett:10,29g.
µg. - Ph:5,57 Na:1,6 Ka:8,53 Mg:2,17 Ca:2,33 Fe:0,05 Zn:0,04 Col.:0,87 Hsr.:2,62

Zutaten:
Pute Brustfleisch 300 g. / 300g. (empfehlenswert)
Sake bis bedeckt / g. (wenig)
Sesamöl 2 EL / 30g. (empfehlenswert)
Ingwer frisch 1/2 TL / 2g. (ja)
Salz 1 Prise / 0,5g. (wenig)
Zitrone 1/2 Stück / 15g. (wenig)
Rotwein 1/8 Liter / 125g. (wenig)
Zucker Ursüße (Zuckerrohr) süß 1 Prise / 1g. (wenig)
Zwiebel Frühlingszwiebel 4 Stück / 80g. (ja)
Tomate 2 Stück / 100g. (empfehlenswert)
Grundrezept für eine Hühnerbrühe wärmend 1 Tasse / 120g. (ja)
Cashewnüsse 2 EL / 16g. (ja)
Sojasauce 1 Schuss / 2g. (ja)
Reis Basmatireis 1 Tasse / 120g. (ja)
Wasser 6 Tassen / 400g. (ja)
Salz 1 Prise / 0,5g. (wenig)

Kochanleitung:
Vorbereitung: Geschnetzeltes Putenfleisch mit Reiswein knapp bedecken und einige Stunden oder über Nacht marinieren lassen. Danach: Die Marinade abseihen und das Fleisch gut abtropfen lassen. In einem Wok Sesamöl erhitzen und fein geschnittenen Ingwer darin anbraten. Das Fleisch dazu geben und kurz anbraten. Dann die Marinade zufügen und mit Salz, Zitronensaft, Rotwein oder Rosenpaprika würzen. Das Fleisch 2-3 Min. in der Soße ziehen lassen und dann herausnehmen. Etwas Vollrohrzucker, die weißen Teile einiger Frühlingszwiebel, eine Prise Salz, kleingeschnittene Tomaten und 1 Tasse Hühnerbrühe in den Wok geben und köcheln, so dass die Zwiebeln noch knackig sind. Geröstete Cashewkerne und das Fleisch in die Soße geben und erhitzen. Mit Sojasoße abschmecken und das

Grün der kleingeschnittenen Frühlingszwiebeln unterheben. Nebenbei den Reis in gesalzenem Wasser ca. 20 Min. kochen.

3.53 Minestrone

Harntreibend, fördert Verdauung, hilft Fett zu verdauen, senkt Blutdruck, bakterizid, stärkt Immunsystem.

Anzahl Portionen: 4
Kalorien p. Portion 210
Gramm p. Portion 310
Kochdauer ca. 30 Min.
Allergene: GL
(Kohlehydrat:68% / Eiweiß & Fett:32%)
100g.≈ Eiweiß 6,27g. Fett:7,36g.
µg. - Ph:2,48 Na:1,57 Ka:7,19 Mg:0,96 Ca:2,28 Fe:0,04 Zn:0,02 Col.:0,08 Hsr.:1,7

Zutaten:
Zwiebel Schalotte 2 Stück / 40g. (ja)
Sonnenblumenöl 1 TL / 10g. (ja)
Wasser 1/2 Liter / 480g. (ja)
Karotte (Mohrrübe, Möhre) 2 Stück / 120g. (empfehlenswert)
Wirsing/Grünkohl 1 Handvoll / 15g. (empfehlenswert)
Bohnen (grün, frisch) 1 Handvoll / 20g. (empfehlenswert)
Sellerie Stangensellerie 3 Stück / 20g. (empfehlenswert)
Erbse, grün 4 EL / 30g. (ja)
Zucchini 1 Stück / 200g. (empfehlenswert)
Reis Sorte beliebig 1 Tasse / 120g. (ja)
Lorbeerblatt 3 Blatt / 1g. (ja)
Sonnenblumenöl 1 EL / 10g. (ja)
Salz 1 Prise / 1g. (wenig)
Tomate 3 Stück / 150g. (empfehlenswert)
Thymian 1 Zweig / 3g. (ja)
Parmesan 2 EL / 18g. (ja)
Basilikum 4 Blatt / 2g. (ja)

Kochanleitung:
Schalotten in Öl in einem Topf glasig braten und mit Wasser aufgießen. Gemüse, Reis und Salz dazugeben und leise weiter köcheln. Wenn das Gemüse bissfest ist, Tomaten, einen kleinen Thymianzweig, Basilikum und Lorbeer dazugeben und noch kurz ziehen lassen. Mit Parmesan servieren.

3.54 Misosuppe mit Tofu

Liefert Vitamine, Mineralien, Enzyme und sekundäre Pflanzenwirkstoffe.
Alginsäure entgiftet den Darm, löst Stagnation. Belebt, entgiftet, stärkt das Immunsystem, fördert Verdauung, stärkt Magen, lindert Blähungen.
Anzahl Portionen: 3
Kalorien p. Portion 51
Gramm p. Portion 231,33
Kochdauer ca. 5 min.
Allergene: E
(Kohlehydrat:43,33% / Eiweiß & Fett:56,67%)
100g.≈ Eiweiß 4,44g. Fett:1,66g.
µg. - Ph:11,31 Na:58,1 Ka:19,06 Mg:5,88 Ca:7,16 Fe:0,06 Zn:0,01 Col.:0 Hsr.:3,33

Zutaten:
Wakame 1 Stück / 5g. (ja)
Miso 3-4 EL / 30g. (ja)
Soja Tofu 50 g. / 50g. (ja)
Wasser 1/2 Liter / 500g. (ja)
Sojasauce 1 Schuss / 3g. (ja)
Zwiebel Frühlingszwiebel 1/2 EL / 6g. (ja)

Kochanleitung:
Wasser, Sojakeimlinge, Wakamealge und in Würfel geschnittenen Tofu 5 Min. aufwärmen. Misopaste in Suppenteller geben und langsam mit heißer Suppe übergießen. Mit Tamari abschmecken. Eventuell Frühlingszwiebeln dazugeben.

3.55 Paprika-Putenfleisch mit Reis und Salat

Stärkt Blut und Knochenmark.
Anzahl Portionen: 6
Kalorien p. Portion 391
Gramm p. Portion 360,67
Kochdauer ca. 1 Stunde
Allergene: AG
(Kohlehydrat:23% / Eiweiß & Fett:77%)
100g.≈ Eiweiß 32,56g. Fett:36,94g.
µg. - Ph:3,05 Na:0,65 Ka:3,68 Mg:0,58 Ca:0,79 Fe:0,03 Zn:0,01 Col.:0,91 Hsr.:2,44

Zutaten:
Olivenöl 2 EL / 20g. (ja)
Zwiebel weiss 1 Stück / 60g. (ja)
Paprika (Rosenpaprikapulver) 2 EL / 14g. (ja)
Huhn Fleisch 1 Stück / 800g. (ja)
Wasser 250 ml. / 250g. (ja)
Salz 1 Prise / 1g. (wenig)

Dinkel Vollkornmehl 1 EL / 7g. (ja)
Sauerrahm 15% Fett 250 g. / 250g. (empfehlenswert)
Wasser 6 Tassen / 400g. (ja)
Reis Basmatireis 1 Tasse / 120g. (ja)
Salz 1 Prise / 1g. (wenig)
Kopfsalat 1 Stück / 200g. (empfehlenswert)
Olivenöl 2 EL / 20g. (ja)
Zitrone Saft 1/2 Stück / 15g. (wenig)
Kräuter verschiedene 2 EL / 6g. (ja)

Kochanleitung:
Die Zwiebel würfeln und im erhitzten Öl in einem Topf goldgelb anbraten. Mit reichlich Paprika würzen und sorgsam umrühren, damit er nicht anbrennt. Den Topf beiseite stellen. In einer Kasserolle die Hühnerteile von einer Seite anbraten, wenden, die Zwiebeln aus dem Topf darüber verteilen und die Hühnerteile von der anderen Seite anbraten. Sobald sie eine sattrote Farbe angenommen haben, Gemüsebrühe aufgießen und zum Kochen bringen. Salzen, die Wärmezufuhr drosseln und die Hühnerteile ca. 45 Min. schmoren, bis sie durchgegart sind. Die Geflügelteile samt Garflüssigkeit in eine Schüssel geben und beiseite stellen. 2 bis 3 EL Mehl in die Kasserolle einstreuen und nach und nach die Garflüssigkeit wieder zugeben und dabei ständig rühren, bis die Soße eingedickt ist. Den Sauerrahm oder Joghurt unterrühren, die Geflügelteile wieder in den Topf geben und nochmals gut durchwärmen, aber nicht mehr kochen. Den Reis in gesalzenem Wasser aufkochen und ziehen lassen, bis er weich ist. Den Kopfsalat waschen und schleudern, kleinzupfen und in eine Schüssel geben. In einer Tasse Olivenöl, Zitronensaft, Salz und frische gehackte Kräuter anrühren und über den Salat gießen.

3.56 Polentaschnitte mit Ratatouille

Stärkt Magen und Milz, lässt Gallensaft fließen, harntreibend, fördert Verdauung, hilft Fett zu verdauen, senkt Blutdruck.
Anzahl Portionen: 4
Kalorien p. Portion   225
Gramm p. Portion   360,75
Kochdauer ca.   30 min
Allergene: G
(Kohlehydrat:66% / Eiweiß & Fett:34%)
100g.≈ Eiweiß 7,77g. Fett:7,86g.
µg. - Ph:2,23 Na:1,22 Ka:9,69 Mg:0,92 Ca:2,28 Fe:0,05 Zn:0,02 Col.:0,07 Hsr.:0,97

Zutaten:
Mais Gries (Polenta) 1 Tasse / 120g. (ja)
Wasser 2 Tassen / 240g. (ja)
Aubergine 1 Stück (große) / 200g. (ja)
Zucchini 2 Stück / 500g. (empfehlenswert)
Zwiebel weiss 2 Stück / 120g. (ja)
Tomate 4 Stück (passiert) / 200g. (empfehlenswert)
Olivenöl 2 EL / 20g. (ja)
Salz 1 Prise / 0,5g. (wenig)
Petersilie 1 EL gehackte / 8g. (ja)
Thymian 1/2 TL / 1g. (ja)
Zwiebel Frühlingszwiebel 2 EL gehackte / 12g. (ja)
Basilikum 4 Blätter / 2g. (ja)
Parmesan 2 EL / 20g. (ja)

Kochanleitung:
Wasser im Verhältnis 2:1 mit Salz und Öl zum Kochen bringen und Polenta unter ständigem Rühren einrieseln lassen. Vom Herd nehmen und 20 Min. quellen lassen. Inzwischen geschnittene Zwiebel in Topf mit heißem Öl anbraten. Gewürfelte Zucchini, Tomaten und Aubergine zugeben und ca. 20 Min. dünsten. Basilikum, Thymian und Salz dazugeben. Blech mit Öl bestreichen, Polenta gleichmäßig auftragen und warten, bis es fester wird. Die Ratatouille auf Polenta verteilen, portionieren und für einige Minuten in den Backofen schieben, je nach Geschmack mit geriebenem Parmesan. Mit frischer Petersilie und fein geschnittenen Frühlingszwiebeln bestreuen. Der wertvolle Tipp: Die Polentaschnitten sind ideal für unterwegs.

3.57 Porridge

Stärkt Abwehrkraft und wirkt leicht abführend.
Anzahl Portionen: 2
Kalorien p. Portion   207
Gramm p. Portion   169
Kochdauer ca.   15 min.
Allergene: AG
(Kohlenhydrat:67% / Eiweiß & Fett:33%)
100g.≈ Eiweiß 5,7g. Fett:8,35g.
µg. - Ph:27,06 Na:5,58 Ka:30,8 Mg:7,53 Ca:15,29 Fe:0,22 Zn:0,23 Col.:0,56 Hsr.:6,61

Zutaten:
Hafer Flocken (Vollkorn) 8 EL / 60g. (empfehlenswert)
Wasser 1/8 Liter / 125g. (ja)
Kuhmilch (Vollmilch 3,5 % Fett) 1/8 Liter / 125g. (ja)
Salz 1 Prise / 0,3g. (wenig)
Sahne, süß 30% 2 EL / 20g. (wenig)
Zucker Ursüße (Zuckerrohr) süß 1 EL / 8g. (wenig)

Kochanleitung:
Wasser, Milch und eine Prise Salz aufkochen. 4 EL grobe Haferflocken einstreuen und zu einem Brei verkochen, 4 EL feine Haferflocken mitkochen, vom Herd nehmen und ausquellen lassen. In eine vorgewärmte Schüssel geben und mit flüssiger Sahne übergießen. Porridge gilt als magenschonend und wird auch bei Auftreten von Durchfall verabreicht, da er durch seinen hohen Flüssigkeitsgehalt neben Suppe oder Reisbrei gut dazu geeignet ist, den hierbei auftretenden Flüssigkeitsverlust auszugleichen.

3.58 Porridge mit Rosinen und Sake

Stärkt Abwehrkraft, fördert Durchblutung, verbessert Medikamentenwirkung, regt Appetit an, entschlackt die Haut, regt Nerven an, befreit Atmung, erhöht Körpertemperatur, treibt Schweiß.
Anzahl Portionen: 1
Kalorien p. Portion 427
Gramm p. Portion 356
Kochdauer ca. 10 Min.
Allergene: AGO
(Kohlehydrat:66,81% / Eiweiß & Fett:33,19%)
100g.≈ Eiweiß 11,78g. Fett:16,8g.
µg. - Ph:107,9 Na:22,9 Ka:150,88 Mg:29,7 Ca:60,08 Fe:0,8 Zn:0,87 Col.:2,1 Hsr.:25,96

Zutaten:
Hafer Flocken (Vollkorn) 8 EL / 60g. (empfehlenswert)
Wasser 1/8 Liter / 125g. (ja)
Kuhmilch (Vollmilch 3,5 % Fett) 1/8 Liter / 125g. (ja)
Salz 1 Prise / 1g. (wenig)
Sahne, süß 30% 2 EL / 20g. (wenig)
Rosinen 1 EL / 15g. (ja)
Sake 1 EL / 10g. (wenig)

Kochanleitung:
Wasser und Milch mit einer Prise Salz aufkochen. 4 EL grobe Haferflocken einstreuen und zu einem Brei verkochen. 4 EL feine Haferflocken mitkochen, vom Herd nehmen und ausquellen lassen. In einer vorgewärmten Schüssel anrichten und mit flüssiger Sahne übergießen, Rosinen und Sake untermischen.

3.59 Reis mit gedämpftem Gemüse

Senkt Blutdruck, bakterizid, harntreibend, stärkt Immunsystem, beugt Krebs vor, reduziert Strahlenverletzungen. Gut bei Durchblutungsstörungen, Thrombose, Emboliegefahr, Kopfschmerzen, Herzinfarkt und Schlaganfall.

Anzahl Portionen: 2
Kalorien p. Portion 167
Gramm p. Portion 310,5
Kochdauer ca. 20 min
Allergene: L
(Kohlehydrat:82,32% / Eiweiß & Fett:17,68%)
100g.≈ Eiweiß 4,33g. Fett:2,26g.
µg. - Ph:16,63 Na:5,67 Ka:52,64 Mg:6,29 Ca:11,8 Fe:0,4 Zn:0,07 Col.:0 Hsr.:12,64

Zutaten:
Reis Sorte beliebig 1/2 Tasse / 60g. (ja)
Wasser 3 Tassen / 300g. (ja)
Zitrone Schale 1 Stück / 3g. (ja)
Wasser 1/8 Liter / 0g. (ja)
Karotte (Mohrrübe, Möhre) 2 Stück / 180g. (empfehlenswert)
Sellerie Stangensellerie 1/2 Stück / 5g. (empfehlenswert)
Champignon 1/2 Tasse / 50g. (ja)
Kresse 2 EL / 20g. (ja)
Leinöl 1 Schuss / 3g. (empfehlenswert)

Kochanleitung:
Reis nach Grundrezept kochen, dabei ein Stück Zitronenschale mitkochen. Wasser aufstellen und kleingeschnittene Karotten, Stangensellerie und Champignons im Gemüseeinsatz dämpfen, bis sie weich sind. Anschließend mit Kresse bestreuen und zuletzt einen Schuss hochwertiges Öl zugeben.

3.60 Reis-Congee mit Honigbirne und schwarzem Sesam

Fördert Verdauung, harntreibend, befeuchtet Darm. Gut bei Durchblutungsstörungen, Thrombose, Emboliegefahr, Bluthochdruck, Kopfschmerzen, Herzinfarkt und Schlaganfall.
Anzahl Portionen: 2
Kalorien p. Portion 159
Gramm p. Portion 271,5
Kochdauer ca. 10 Min. - 3 Stunden
Allergene: N
(Kohlehydrat:95,26% / Eiweiß & Fett:4,74%)
100g.≈ Eiweiß 2,44g. Fett:1,55g.
µg. - Ph:9,61 Na:0,87 Ka:36,88 Mg:70,3 Ca:68,61 Fe:0,18 Zn:0,06 Col.:0 Hsr.:5,76

Zutaten:
Grundrezept für eine Reissuppe (Congee) 2 Tassen / 240g. (ja)
Birne 2 Stück / 300g. (empfehlenswert)
Sesam, Schwarzer 1 TL / 3g. (ja)

Kochanleitung:
Reis-Congee nach Grundrezept kochen oder vorbereiteten verwenden. Topf mit 3 cm Wasser befüllen und aufkochen lassen. Birnen vierteln (mit Haut und Kernen) und hineingeben und mit schwarzem Sesam 10 Min. zugedeckt köcheln lassen. Mit dem Reis mischen.

3.61 Reis-Congee mit zerstoßenen Walnüssen

Gut bei: Durchblutungsstörungen, Durchfall, Fieber, Bluthochdruck, Kopfschmerzen. Zur Entwässerung des Körpers bei Übergewicht und Bluthochdruck. Löst Steine. Erwärmt Magen und Milz.
Anzahl Portionen: 2
Kalorien p. Portion 406
Gramm p. Portion 295
Kochdauer ca. 2 Stunden
Allergene: H
(Kohlehydrat:82% / Eiweiß & Fett:18%)
100g.≈ Eiweiß 7,9g. Fett:22,82g.
µg. - Ph:15,8 Na:0,24 Ka:17,23 Mg:68,48 Ca:64,13 Fe:0,14 Zn:0,12 Col.:0 Hsr.:2,22

Zutaten:
Grundrezept für eine Reissuppe (Congee) 4 Tassen / 500g. (ja)
Zucker Ursüße (Zuckerrohr) süß 2-3 EL / 20g. (wenig)
Walnüsse 1 Tasse / 70g. (ja)
Zimtpulver 1 Prise / 0,2g. (ja)

Kochanleitung:
Grundrezept für Reissuppe (Congee) kochen. Hinweis: Die Walnüsse können von Anfang an mitgekocht werden. Variante: Nach Belieben mit süßen oder pikanten Zutaten verfeinern. Insbesondere Zimt, Nelken und Ingwer erhöhen die erwärmende Wirkung und die Bekömmlichkeit.

3.62 Reisnudelsuppe mit Shiitakepilzen

Sehr leicht und kräftigend zugleich, stärkt das Immunsystem.
Anzahl Portionen: 2
Kalorien p. Portion 65
Gramm p. Portion 173
Kochdauer ca. 20 Min.
Allergene: L
(Kohlehydrat:86% / Eiweiß & Fett:14%)
100g.≈ Eiweiß 3,23g. Fett:1,3g.
µg. - Ph:13,08 Na:44,73 Ka:17,94 Mg:24,74 Ca:81,93 Fe:0,21 Zn:0,07 Col.:0 Hsr.:7,24

Zutaten:
Reisnudeln 2 Handvoll / 20g. (ja)
Shiitake, getrocknet 4-6 Stück / 5g. (ja)
Grundrezept für eine Gemüsebrühe nahrhaft 2 Tassen / 240g. (ja)
Chinakohl 1 Tasse / 60g. (empfehlenswert)
Liebstöckel 1 TL / 3g. (ja)
Miso 2 EL / 18g. (ja)

Kochanleitung:
Reisnudeln und Shiitakepilze getrennt in kaltem Wasser einweichen. Gemüsebrühe erhitzen und eingeweichte, in Streifen geschnittene Shiitakepilze zugeben und leicht köcheln. Chinakohl nudelig schneiden, Liebstöckelgrün und Reisnudeln zugeben und kurz ziehen lassen. Vor dem Servieren in etwas abgekühltem Kochwasser gelöstes Miso einrühren. Empfehlung: geeignet zu Beginn jeder Mahlzeit, auch als Frühstück

3.63 Reissuppe mit geraspelten Karotten

Harntreibend, erwärmt den Körper von innen, erweitert die Gefäße, stärkt die Muskeln, reguliert Innenorganfunktionen, senkt Blutdruck, bakterizid, stärkt Immunsystem, beugt Krebs vor, reduziert Strahlenverletzungen, fördert Verdauung.
Anzahl Portionen: 4
Kalorien p. Portion 131
Gramm p. Portion 227
Kochdauer ca. 5 min.
Allergene: EG

(Kohlehydrat:86% / Eiweiß & Fett:14%)
100g.≈ Eiweiß 2,24g. Fett:1,24g.
µg. - Ph:2,54 Na:1,11 Ka:2,18 Mg:1,23 Ca:0,74 Fe:0,03 Zn:0,02 Col.:0,05 Hsr.:1,06

Zutaten:
Reis Wilder (Naturreis) 1 Tasse / 100g. (empfehlenswert)
Wasser 6 Tassen / 700g. (ja)
Karotte (Mohrrübe, Möhre) 1 Stück / 100g. (empfehlenswert)
Sojasauce 1 Schuss / 2g. (ja)
Butter Bio 1 TL / 3g. (ja)
Kümmel 1 Prise / 0,3g. (ja)
Kräuter verschiedene 1 TL gehackt / 3g. (ja)

Kochanleitung:
In einer Portion Reis-Congee (nach Grundrezept) eine geraspelte Karotte weich kochen, Butter und Sojasoße zufügen und mit frischen Kräutern bestreuen. Gewürze und Kräuter: Schwarzkümmel, Kurkuma, Kardamom, Petersilie, Salbei, Thymian, Basilikum, Rosmarin.
Winter: Pastinake, Sellerie, Zwiebel, Lauch, Kürbis.
Sommer: Tomate, Zucchini, Frühlingszwiebel, Radieschen, Rucola

3.64 Rettich-Apfel-Joghurt-Frischkost

Stoppt Durchfall, fördert Verdauung, regt Appetit an, entgiftet, harntreibend, reduziert Durst, beugt Krebs vor, stärkt Körperzellen, löst Stagnation.
Anzahl Portionen: 2
Kalorien p. Portion 77
Gramm p. Portion 160
Kochdauer ca. 10 Min.
Allergene: G
(Kohlehydrat:79% / Eiweiß & Fett:21%)
100g.≈ Eiweiß 2,03g. Fett:1,39g.
µg. - Ph:9,35 Na:4,33 Ka:62,52 Mg:3,01 Ca:12,05 Fe:0,2 Zn:0,06 Col.:0,55 Hsr.:3,13

Zutaten:
Joghurt (natur, 3,5 % Fett) 5 EL / 50g. (ja)
Zitrone Saft 2 g. / 2g. (wenig)
Salz 1 Prise / 0,5g. (wenig)
Pfeffer weiss (gemahlen) 1 Prise / 0,1g. (ja)
Rettich (weiß, grün, lila-rot) 100 g. / 100g. (empfehlenswert)
Apfel (süß) 1 Stück / 150g. (empfehlenswert)
Petersilie 2 EL / 18g. (ja)

Kochanleitung:
Joghurt mit Zitronensaft, Salz und weißem Pfeffer verrühren. Rettich und Apfel waschen, schälen und fein raspeln. Mit der Joghurtsoße mischen, kurz durchziehen lassen und mit gehackter Petersilie bestreuen.

3.65 Rettichgemüse mit Frühlingszwiebeln und Karotten

Senkt Blutdruck, bakterizid, stärkt Immunsystem, beugt Krebs vor, reduziert Strahlenverletzungen, stärkt Magen und Milz, harntreibend, fördert Gallenfluss, stärkt Magen-Darm-Funktion, erweitert Blutgefäße.
Anzahl Portionen: 2
Kalorien p. Portion 246
Gramm p. Portion 346
Kochdauer ca. 30 Min.
Allergene: EG
(Kohlehydrat:85% / Eiweiß & Fett:15%)
100g.≈ Eiweiß 6,3g. Fett:2,11g.
µg. - Ph:6,77 Na:7,23 Ka:25,75 Mg:2,49 Ca:5,27 Fe:0,18 Zn:0,06 Col.:0,26 Hsr.:3,08

Zutaten:
Karotte (Mohrrübe, Möhre) 2 Stück / 200g. (empfehlenswert)
Rettich schwarz 1/2 Stück / 100g. (empfehlenswert)
Ingwer Pulver 1 Messerspitze / 0,2g. (ja)
Zwiebel Frühlingszwiebel 1 Stück / 20g. (ja)
Salz 1 Prise / 0,5g. (wenig)
Sojasauce 1 Schuss / 2g. (ja)
Zitrone Saft 2 EL / 16g. (wenig)
Paprika (Rosenpaprikapulver) 1 Prise / 0,2g. (ja)
Butter Bio 1 TL / 3g. (ja)
Wasser 1/4 Liter / 250g. (ja)
Mais Gries (Polenta) 1 Tasse / 100g. (ja)
Salz 1 Prise / 0,5g. (wenig)

Kochanleitung:
Karotten und schwarzen oder weißen Rettich in feine Streifen schneiden. Zusammen mit einer Messerspitze geriebenem Ingwer in heißem Wasser 10 Min. dünsten und dann abseihen. In der Zwischenzeit kleingeschnittene Frühlingszwiebeln, Salz, Sojasoße, etwas Zitronensaft, eine Prise Kurkuma oder Rosenpaprika und ein Stück Butter unterrühren. Die Polenta in einen Topf mit heißem Wasser unter ständigem Rühren einrieseln lassen, bis die Polenta die gewünschte Konsistenz hat. Die Polenta vom Herd nehmen und ca. 10 Min. quellen lassen.

3.66 Rettichgemüse mit Meerrettich

Regt Leberfunktion an, entgiftet, fördert Verdauung und Durchblutung, harntreibend, reduziert Durst, vertreibt Kälte.

Anzahl Portionen: 2
Kalorien p. Portion 196
Gramm p. Portion 286
Kochdauer ca. 30 Min.
Allergene: GNO
(Kohlehydrat:75% / Eiweiß & Fett:25%)
100g.≈ Eiweiß 4,42g. Fett:5,41g.
µg. - Ph:14,53 Na:2,41 Ka:52,61 Mg:6,65 Ca:11,86 Fe:0,3 Zn:0,11 Col.:0,84 Hsr.:5,46

Zutaten:
Butter Bio 1 EL / 8g. (ja)
Rettich (weiß, grün, lila-rot) 1/2 Stück / 50g. (empfehlenswert)
Wasser 3 EL / 10g. (ja)
Zitrone Saft 2 EL / 20g. (wenig)
Weißwein 2 EL / 20g. (wenig)
Paprika (Rosenpaprikapulver) 1 Prise / 0,2g. (ja)
Sesamöl 1 TL / 3g. (empfehlenswert)
Rettich Meerrettich (Kren) 2-3 EL / 20g. (empfehlenswert)
Salz 1 Prise / 0,5g. (wenig)
Petersilie 1 Bund gehackte / 80g. (ja)
Reis Langkornreis 1/2 Tasse / 60g. (ja)
Wasser 3 Tassen / 300g. (ja)
Salz 1 Prise / 0,5g. (wenig)

Kochanleitung:
Den in Stifte geschnittenen Rettich in heißer Butter andünsten, mit kaltem Wasser aufgießen und Zitronensaft, Weißwein, eine Prise Rosenpaprika und das Sesamöl unterrühren. Mit 2-3 EL frisch geriebenem Meerrettich (ersatzweise 1 TL aus dem Glas) und Salz abschmecken und gehackte Petersilie drüberstreuen. Reis in gesalzenem Wasser ca. 15 Min. gar kochen.

3.67 Rettichsaft

Fördert Verdauung, entgiftet (z. B. bei Alkoholvergiftung), fördert Durchblutung, harntreibend, reduziert Durst, beugt Krebs vor, stärkt Körperzellen.

Anzahl Portionen: 1
Kalorien p. Portion 9
Gramm p. Portion 170
Kochdauer ca. 10 Min.
(Kohlehydrat:61% / Eiweiß & Fett:39%)

100g.≈ Eiweiß 0,5g. Fett:0,1g.
µg. - Ph:8,53 Na:6 Ka:94,71 Mg:5,12 Ca:13,24 Fe:0,24 Zn:0,16 Col.:0 Hsr.:2,94

Zutaten:
Rettich (weiß, grün, lila-rot) 1/2 Stück / 50g. (empfehlenswert)
Wasser 1 Tasse / 120g. (ja)

Kochanleitung:
Rettichsaft mit dem Entsafter herstellen oder im Naturkostladen kaufen. Der frische Presssaft wird aus der Wurzel gewonnen. Für Heilzwecke bevorzugt man wegen seiner Schärfe den schwarzen Rettich. Der beißend scharfe Geschmack ist auf die Senföle im Rettichsaft zurückzuführen. Sie regen die Gallensaftbildung in der Leber an. Das hat in unserem Körper zwei verschiedene Auswirkungen: Der Appetit und die Verdauung werden gefördert und Gallen- und Leberleiden gelindert. In kleinen Schlucken trinken.

3.68 Rhabarber-Apfel-Grütze

Liefert Antioxidantien und viel Vitamin C. Führt ab, kühlt Hitze, lindert Schmerzen, entgiftet, bakterizid, erwärmt Magen und Milz, fördert Durchblutung.

Anzahl Portionen: 2
Kalorien p. Portion 180
Gramm p. Portion 276,5
Kochdauer ca. 15 Min.
(Kohlehydrat:95,59% / Eiweiß & Fett:4,41%)
100g.≈ Eiweiß 1,2g. Fett:0,58g.
µg. - Ph:14,75 Na:1,5 Ka:93,5 Mg:7,43 Ca:12,73 Fe:0,29 Zn:0,07 Col.:0 Hsr.:6,21

Zutaten:
Rhabarber 200 g / 200g. (empfehlenswert)
Apfelsaft (Naturtrüb) 300 ml. / 300g. (ja)
Maisstärke 30 g. / 30g. (ja)
Honig 20 g. / 20g. (wenig)
Vanillezucker natur 1 Prise / 0,5g. (ja)
Zimtpulver 1 Prise / 0,5g. (ja)
Pfefferminze 2 Blätter / 2g. (ja)

Kochanleitung:
Die Maisstärke mit ½ Tasse Apfelsaft glattrühren. Den Rhabarber mit einer Tasse Wasser 10 Min. dünsten, den restlichen Apfelsaft zufügen, mit der angerührten Stärke abbinden und nochmals aufkochen. Mit dem Honig süßen und mit Vanille und Zimt würzen. Die Grütze auf Dessertschälchen verteilen und mit Minze garnieren.

3.69 Rhabarberkuchen mit Streuseln

Führt ab, senkt Fieber, schont die Verdauungsorgane, entgiftet, wirkt bei Appetitlosigkeit, Blähungen, Darmentzündung. Lindert Schmerzen, bakterizid, hilft bei brüchigen Nägeln und Haaren, bei trockener Haut, Akne und Ekzemen.

Anzahl Portionen: 8
Kalorien p. Portion 476
Gramm p. Portion 239,5
Kochdauer ca. 1 1/2 Stunden
Allergene: AG
(Kohlehydrat:71,96% / Eiweiß & Fett:28,04%)
100g.≈ Eiweiß 12,4g. Fett:15,41g.
µg. - Ph:14,75 Na:1,3 Ka:29,73 Mg:3,75 Ca:5,17 Fe:0,2 Zn:0,02 Col.:0,01 Hsr.:12,08

Zutaten:
Weizen Mehl 400 g. / 400g. (ja)
Kuhmilch (Vollmilch 3,5 % Fett) 250 ml. / 200g. (ja)
Hefe 30 g. / 30g. (ja)
Honig 2 TL / 5g. (wenig)
Sonnenblumenöl 2 TL / 5g. (ja)
Zitrone Schale 1 Stück / 3g. (ja)
Salz 1 Prise / 1g. (wenig)
Rhabarber 1 Kg / 800g. (empfehlenswert)
Margarine 120 g. / 120g. (ja)
Weizen Mehl 300 g. / 300g. (ja)
Vanillezucker natur 2 Prisen / 1g. (ja)
Zimtpulver 2 Prisen / 1g. (ja)
Honig 5 EL / 50g. (wenig)

Kochanleitung:
Mehl, abgeriebene Zitronenschale und Salz mischen. Milch leicht erwärmen und mit Hefe und Honig verrühren. Mehlgemisch und Öl zugeben und kräftig durchkneten. Den Teig zugedeckt an einem warmen Ort gehen lassen, bis er die doppelte Menge erreicht hat (ca. 30 Min.). Für die Streusel Mehl mit Vanille und Zimt mischen, danach Honig und Margarine zufügen und zu einer krümeligen Masse verarbeiten. Streuselteig noch kühl stellen. Ein Backblech mit Backpapier auslegen. Den Teig für den Boden noch einmal durchkneten, ausrollen, auf das Backblech legen und noch einmal 10 Min. gehen lassen. Den Rhabarber waschen, putzen, längs halbieren und in ca. 3 cm große Stücke schneiden. Die Stücke gleichmäßig auf dem ausgerollten Teig verteilen und die Streusel über den gesamten Kuchen krümeln. Den Kuchen in dem auf 175 Grad vorgeheizten Backofen ca. 40 Min. backen.

3.70 Rote Rüben Suppe

Stärkt Magen-Darm-Funktion, erweitert Blutgefäße, bakterizid, stärkt Muskeln, antioxidativ, fördert Verdauung, löst Stagnation.

Anzahl Portionen: 4
Kalorien p. Portion 282
Gramm p. Portion 302,5
Kochdauer ca. 20-30 Min.
Allergene: G
(Kohlehydrat:50% / Eiweiß & Fett:50%)
100g.≈ Eiweiß 4,88g. Fett:18,16g.
µg. - Ph:2,66 Na:3,08 Ka:18,95 Mg:1,5 Ca:2,25 Fe:0,05 Zn:0,02 Col.:0 Hsr.:1,11

Zutaten:
Olivenöl 2 EL / 20g. (ja)
Zwiebel weiss 1 Stück kleingehackt / 50g. (ja)
Knoblauch 1 Zehe / 2g. (ja)
Rote Rübe 1 Kg (geschält und gewürfelt) / 1000g. (empfehlenswert)
Cumin (Kreuzkümmel) 1 EL / 7g. (ja)
Oregano frisch 1 Prise frischer / 2g. (ja)
Paprika (Rosenpaprikapulver) 1 TL / 2g. (ja)
Creme fraiche 125 g. / 125g. (ja)

Kochanleitung:
In einem Kochtopf das Öl erhitzen, Zwiebel und Knoblauch kleingeschnitten darin dunkelbraun rösten. Cumin, Kurkuma, Oregano und Salz zufügen und mit 1 l Wasser ablöschen. Die Rote Bete darin ca. 20 Min. kochen, Suppe pürieren und in Suppenschalen mit je 1 EL Crème fraîche servieren. Zum Schluss Rosenpaprika drüberstreuen.

3.71 Russische Kasha mit Weißkohl

Fördert Verdauung, lindert Schmerzen, entgiftet, fördert Appetit, löst Stagnation, regt Blutproduktion und Stoffwechsel an, baut Fett ab.

Anzahl Portionen: 2
Kalorien p. Portion 251
Gramm p. Portion 203,5
Kochdauer ca. 30 Min.
Allergene: AG
(Kohlehydrat:81,18% / Eiweiß & Fett:18,82%)
100g.≈ Eiweiß 8,19g. Fett:2,72g.
µg. - Ph:44,68 Na:1,88 Ka:72,81 Mg:16,01 Ca:11,92 Fe:0,6 Zn:0,22 Col.:0,44 Hsr.:24,96

Zutaten:
Buchweizen Vollkorn 1 Tasse / 130g. (ja)
Wasser 2 Tassen / 240g. (ja)
Muskatnuss 1 Prise / 1g. (ja)

Salz 1 Prise / 1g. (wenig)
Petersilie 1 EL / 10g. (ja)
Kümmel 1 Prise / 2g. (ja)
Butter Bio 1 TL / 3g. (ja)
Weißkohl/Weißkraut 1 Handvoll / 20g. (empfehlenswert)

Kochanleitung:
Buchweizen trocken goldgelb rösten. Kochendes Wasser zugießen, kurz aufkochen und dann quellen lassen, bis er weich ist. Weißkohl fein raspeln und unterheben. Mit Muskat und Salz würzen. Am Schluss etwas Petersilie, Kümmel und Butter hinzufügen.

3.72 Selleriesaft

Mineral- und vitaminreich, stoffwechselfördernd und entwässernde Heilwirkung.
Anzahl Portionen: 1
Kalorien p. Portion   33
Gramm p. Portion   320,5
Kochdauer ca.   5 Min.
Allergene: L
(Kohlehydrat:61,11% / Eiweiß & Fett:38,89%)
100g.≈ Eiweiß 2,4g. Fett:0,4g.
µg. - Ph:30,19 Na:83,35 Ka:214,67 Mg:8,05 Ca:52,18 Fe:0,32 Zn:0,1 Col.:0 Hsr.:43,68

Zutaten:
Sellerie Knolle 1/2 Stück / 200g. (empfehlenswert)
Wasser 1 Tasse / 120g. (ja)
Salz 1 Prise / 0,5g. (wenig)

Kochanleitung:
Sellerieknolle schälen, in Stücke schneiden und entsaften. Mit Wasser mischen und nach Bedarf salzen.

3.73 Süße Polenta mit Pfirsich

Unterstützt die Produktion von Erythrozyten, lindert Müdigkeit, entspannt, stärkt Magen und Milz, lässt Urin und Gallensaft fließen, beugt Alterungsprozessen vor, stärkt Gehirnzellen, fördert Verdauung.
Anzahl Portionen: 2
Kalorien p. Portion   330
Gramm p. Portion   317,5
Kochdauer ca.   20 Min.
Allergene: GHO
(Kohlehydrat:80% / Eiweiß & Fett:20%)
100g.≈ Eiweiß 6,93g. Fett:7,69g.
µg. - Ph:9,12 Na:0,52 Ka:31,96 Mg:3,24 Ca:3,53 Fe:0,12 Zn:0,05 Col.:0,19 Hsr.:3,47

Zutaten:
Wasser 2 Tassen / 240g. (ja)
Mais Gries (Polenta) 1 Tasse / 100g. (ja)
Butter Bio 1/2 TL / 2g. (ja)
Gerstenmalz 1/2 TL / 2g. (ja)
Zimtpulver 1 Prise / 0,2g. (ja)
Kardamom 1 Prise / 0,2g. (ja)
Salz 1 Prise / 0,5g. (wenig)
Zitrone 1 Schuss / 1g. (wenig)
Rosinen 2 EL / 20g. (ja)
Apfelsaft (Naturtrüb) bis bedeckt ist / 10g. (ja)
Pfirsich 2 Stück / 240g. (empfehlenswert)
Haselnüsse 2 EL / 20g. (ja)

Kochanleitung:
Wasser erhitzen, Polenta mit einem Schneebesen einrühren und gar kochen. Etwas Butter oder Sahne, Gerstenmalz oder Ahornsirup, Zimt, etwas Kardamom, eine kleine Prise Salz und einige Tropfen Zitronensaft zugeben und alles gut durchrühren. Separat ein Kompott zubereiten: Rosinen in etwas Apfel- oder Aprikosensaft einige Minuten köcheln lassen. Vollreife Pfirsiche kleingeschnitten zugeben und erhitzen. Über die auf Tellern angerichtete Polenta geben und mit gerösteten Nüssen nach Belieben bestreuen.

3.74 Süßkartoffelpuffer mit Basilikum-Pesto

Stärkt das Immunsystem, baut Fett ab, verbessert die Verdauung, beruhigt Nerven und Magen, löst Steine, fördert Durchblutung, stärkt Muskeln, antioxidativ.
Anzahl Portionen: 3
Kalorien p. Portion   625
Gramm p. Portion   298,67
Kochdauer ca.   30 Min.
Allergene: ACH
(Kohlehydrat:58% / Eiweiß & Fett:42%)
100g.≈ Eiweiß 15,5g. Fett:32,67g.
µg. - Ph:14,41 Na:8,52 Ka:39,8 Mg:4,23 Ca:5,79 Fe:0,17 Zn:0,11 Col.:6,88 Hsr.:2,11

Zutaten:
Süßkartoffel 4 Stück / 500g. (ja)
Zwiebel rot 1/2 Stück / 30g. (ja)
Basilikum 1 EL / 10g. (ja)
Huhn Ei 2 Stück / 140g. (ja)
Dinkel Vollkornmehl 80 g. / 80g. (ja)

Salz 1 Prise / 0,5g. (wenig)
Olivenöl 60 ml. / 20g. (ja)
Salz 1 TL (grobes) / 3g. (wenig)
Basilikum 1 Handvoll / 15g. (ja)
Petersilie 1 Handvoll / 15g. (ja)
Knoblauch 2 Zehen / 3g. (ja)
Walnüsse 60 g. / 60g. (ja)
Olivenöl 2 EL / 20g. (ja)

Kochanleitung:
Süßkartoffelpuffer: Die Süßkartoffel gründlich waschen und ungeschält in eine große Schüssel raspeln. Zwiebel, Basilikum, Ei und Mehl zugeben, alles gut miteinander vermengen und dann etwas Salz darüberstreuen. Die Mischung ist locker, lässt sich aber zu Puffern formen. Im vorgeheizten Ofen auf einem mit Öl bestrichenen Backblech von beiden Seiten jeweils 4 bis 5 Min. backen. Basilikum-Pesto: Salz, kleingehackten Basilikum und Petersilie sowie den zerdrückten Knoblauch in einer kleinen Schüssel mit einem Löffel verreiben (wenn vorhanden einen Mörser verwenden). Die geriebenen Walnüsse dazugeben. Unter ständigem Rühren so viel Olivenöl zumengen, bis die gewünschte Konsistenz erreicht wird.

3.75 Tee aus Bärentraubenblättern

Gut bei Harnwegsinfekten. Hemmt Wachstum von Bakterien, Viren und Pilzen, leicht entwässernd.
Anzahl Portionen: 4
Kalorien p. Portion   0
Gramm p. Portion   127
Kochdauer ca.   10 Min.
(Kohlehydrat:0% / Eiweiß & Fett:0%)
100g.≈ Eiweiß 0g. Fett:0g.
µg. - Ph:0 Na:0,25 Ka:0 Mg:0,25 Ca:1,23 Fe:0 Zn:0,01 Col.:0 Hsr.:0

Zutaten:
Bärentraubenblätter 2 EL / 8g. (empfehlenswert)
Wasser 1/2 Liter / 500g. (ja)

Kochanleitung:
Wasser zum Kochen bringen und beiseite stellen. Bärentraubenblätter dazugeben und 10 Min. ziehen lassen. Beim Eingießen abseihen. Nach Geschmack mit Honig süßen.

3.76 Tee aus Grüntee

Fördert Verdauung, harntreibend, löst Schleim, entgiftet, regt Nerven an, reduziert Blutfett, senkt Cholesterinspiegel, lindert Entzündungen.

Anzahl Portionen: 1
Kalorien p. Portion 3
Gramm p. Portion 122
Kochdauer ca. 10 Min.
(Kohlehydrat:20% / Eiweiß & Fett:80%)
100g.≈ Eiweiß 0,01g. Fett:0g.
µg. - Ph:5,61 Na:1,07 Ka:27,59 Mg:4,07 Ca:9,43 Fe:0,04 Zn:0,1 Col.:0 Hsr.:0

Zutaten:
Grüner Tee 1 TL / 2g. (empfehlenswert)
Wasser 1 Tasse / 120g. (ja)

Kochanleitung:
Pro Tasse verwendet man einen Teelöffel voll oder einen Teebeutel. Grüntee nur mit 60-80 Grad heißem Wasser aufbrühen, da er sonst bitter wird. Soll der Tee eine anregende Wirkung haben, lässt man ihn 2-3 Min. ziehen. Eher beruhigend wirkt er bei einer Ziehdauer von 5 Min. (nicht länger, sonst wird er bitter!). Eine andere Methode: Man übergießt die Teeblätter mit ca. 70 Grad heißem Wasser und gießt es sofort wieder ab. Dann einfach noch mal heißes Wasser nachgießen. Die Bitterstoffe verschwinden und der Tee bekommt ein milderes Aroma.

3.77 Tee aus Salbei

Salbei trocknet aus, gegen Hefepilzinfektionen.

Anzahl Portionen: 4
Kalorien p. Portion 5
Gramm p. Portion 126,5
Kochdauer ca. 15 Min.
(Kohlehydrat:72,18% / Eiweiß & Fett:27,82%)
100g.≈ Eiweiß 0,16g. Fett:0,19g.
µg. - Ph:0 Na:0,25 Ka:0 Mg:0,25 Ca:1,24 Fe:0 Zn:0,01 Col.:0 Hsr.:0

Zutaten:
Salbei 2 TL / 6g. (ja)
Wasser 1/2 Liter / 500g. (ja)

Kochanleitung:
Wasser zum Kochen bringen und beiseite stellen. Salbei dazugeben, 10 Min. ziehen lassen und nach Geschmack mit Honig süßen.

3.78 Tee aus Wacholderbeeren

Fördert Verdauung und Durchblutung, keimtötend, harntreibend, entwässernd, trocknet aus. Gut bei Appetitlosigkeit, Durchfall, Magen-Darmbeschwerden, Muskelrheuma, Nierenbeckenentzündung, Nierengrieß, Sodbrennen, Wassersucht.

Anzahl Portionen: 1
Kalorien p. Portion 11
Gramm p. Portion 128
Kochdauer ca. 10 Min.
(Kohlehydrat:52,24% / Eiweiß & Fett:47,76%)
100g.≈ Eiweiß 0,55g. Fett:0,44g.
µg. - Ph:11,84 Na:1,4 Ka:30,07 Mg:6,65 Ca:28,72 Fe:0,05 Zn:0,11 Col.:0 Hsr.:0

Zutaten:
Wacholderbeere 1 TL / 3g. (empfehlenswert)
Wasser 1 Tasse / 125g. (ja)

Kochanleitung:
Pro Tasse 1 TL getrocknete Wacholderbeeren kalt ansetzen, kurz aufkochen und 15 Min. ziehen lassen, dann abseihen.
Dieser Tee wird ungesüßt und schluckweise langsam getrunken. Die Menge reicht für einen Tag.

3.79 Teemischung appetitanregend

Ingwerpulver vertreibt Kälte, fördert Schwitzen, löst Stagnation.

Anzahl Portionen: 4
Kalorien p. Portion 0
Gramm p. Portion 127,5
Kochdauer ca. 10 Min.
(Kohlehydrat:83% / Eiweiß & Fett:17%)
100g.≈ Eiweiß 0,01g. Fett:0g.
µg. - Ph:0,02 Na:0,06 Ka:0,12 Mg:0,08 Ca:0,32 Fe:0 Zn:0,01 Col.:0 Hsr.:0

Zutaten:
Bitterorangenschale 3 g. / 3g. (ja)
Schafgarbentee 3 g. / 3g. (ja)
Ingwer Pulver 1 g. / 1g. (ja)
Andornkraut 3 g. / 3g. (ja)
Wasser 500 ml / 500g. (ja)

Kochanleitung:
1 EL der Teemischung mit 500 ml Wasser überbrühen und 10 Min. ziehen lassen. Danach abseihen und in kleinen Schlucken vor dem Essen trinken.

3.80 Teemischung harnsäuresenkend

Gut bei Gicht oder Rheuma, Gelenkschmerzen, Harnwegsinfekten, Nierenkolik.
Anzahl Portionen: 2
Kalorien p. Portion 0
Gramm p. Portion 126,5
Kochdauer ca. 10 Min.
(Kohlehydrat:0% / Eiweiß & Fett:0%)
100g.≈ Eiweiß 0g. Fett:0g.
µg. - Ph:0 Na:0,25 Ka:0 Mg:0,25 Ca:1,23 Fe:0 Zn:0,02 Col.:0 Hsr.:0

Zutaten:
Teemischung Harnsäuresenkend 2 TL / 3g. (empfehlenswert)
Wasser 1/4 Liter / 250g. (ja)

Kochanleitung:
Teemischung aus Apotheke oder Reformhaus beziehen. 2 TL der Mischung mit 250 ml kochendem Wasser überbrühen, 10 Min. ziehen lassen und abseihen. Bei erhöhtem Harnsäurewert kann es zu Beginn einer Teekur zu Gelenkschmerzen kommen. Diese sind eine Reaktion auf die Ausspülung der Harnsäure aus dem Körper. In dieser Zeit ist viel Bewegung anzuraten, um den Ausscheidungsprozess zu beschleunigen und zu unterstützen.

3.81 Überbackenes Chicoréegemüse

Liefert Mineralien und Vitamine (A,B,C), befeuchtet Darm.
Anzahl Portionen: 2
Kalorien p. Portion 231
Gramm p. Portion 460,5
Kochdauer ca. 20 Min.
Allergene: AG
(Kohlehydrat:74,2% / Eiweiß & Fett:25,8%)
100g.≈ Eiweiß 6,05g. Fett:7,04g.
µg. - Ph:20,06 Na:8,39 Ka:61,13 Mg:9,33 Ca:10,83 Fe:0,3 Zn:0,07 Col.:0 Hsr.:8,96

Zutaten:
Chicorée 4 Stück / 500g. (empfehlenswert)
Sahne, süß 30% 2 EL / 40g. (wenig)
Brösel (Weizenbrot, Semmel) 2 EL / 20g. (ja)
Reis Basmatireis 1/2 Tasse / 60g. (ja)
Wasser 3 Tassen / 300g. (ja)
Salz 1 Prise / 1g. (wenig)

Kochanleitung:
Den ganzen Chicorée ca. 5 Min. blanchieren, in eine Auflaufform geben, etwas süße Sahne und Semmelbrösel darauf verteilen und überbacken. Den Reis in gesalzenem Wasser aufkochen lassen und auf niedriger Stufe ca. 15 Min. quellen lassen.

3.82 Wärmende Karottensuppe

Stärkt und wärmt, senkt Blutdruck, bakterizid, stärkt Immunsystem, beugt Krebs vor, reduziert Strahlenverletzungen, stärkt Magen-Darm-Funktion.

Anzahl Portionen: 3
Kalorien p. Portion 133
Gramm p. Portion 274,67
Kochdauer ca. 30 min
Allergene: HL
(Kohlehydrat:78,77% / Eiweiß & Fett:21,23%)
100g.≈ Eiweiß 2,17g. Fett:7,87g.
µg. - Ph:8,57 Na:6,92 Ka:27,55 Mg:25,11 Ca:97,93 Fe:0,4 Zn:0,03 Col.:0 Hsr.:2,99

Zutaten:
Karotte (Mohrrübe, Möhre) 4 Stück / 250g. (empfehlenswert)
Walnussöl 2 EL / 20g. (ja)
Zwiebel Schalotte 2 Stück / 40g. (ja)
Anis (gemeiner Fenchel) 1/2 TL / 1g. (ja)
Muskatnuss 1 Prise / 1g. (ja)
Ingwer frisch 1/2 TL / 1g. (ja)
Salz 1 Prise / 1g. (wenig)
Grundrezept für eine Gemüsebrühe nahrhaft 1/2 Liter / 500g. (ja)
Petersilie 1 EL / 10g. (ja)

Kochanleitung:
Walnussöl in einem Topf erhitzen und die kleingeschnittenen Zwiebeln darin anbraten. Karotten gewürfelt zufügen. Anis, Muskat, etwas Ingwer und Salz zugeben. Wasser oder Gemüse- bzw. Fleischbrühe zugeben. Alles weich kochen und dann pürieren. Am Ende Petersilie unterheben.
Empfehlung: Die Suppe eignet sich für die kalte Jahreszeit, vor allem, wenn man als Flüssigkeit zum Aufgießen Fleischbrühe verwendet.

3.83 Wärmender Haferflockenbrei

Stärkt Abwehrkraft, harntreibend und abführend, liefert Vitamin C, löst Steine, fördert Verdauung, entgiftet, treibt Schweiß, reduziert Blutfett, regt an, löst Stagnation.
Anzahl Portionen: 1
Kalorien p. Portion   357
Gramm p. Portion   214,5
Kochdauer ca.   10 Min.
Allergene: AHO
(Kohlehydrat:72,81% / Eiweiß & Fett:27,19%)
100g.≈ Eiweiß 8,86g. Fett:11,41g.
µg. - Ph:134,8 Na:3,25 Ka:194,19 Mg:50,68 Ca:38,25 Fe:1,57 Zn:1,38 Col.:0 Hsr.:47,55

Zutaten:
Hafer Flocken (Vollkorn) 6 EL / 60g. (empfehlenswert)
Feige getrocknet 3 Stück / 15g. (ja)
Sternanis 1 Stück / 1g. (ja)
Ingwer frisch 1 Prise / 0,5g. (ja)
Wasser 1 Tasse / 120g. (ja)
Ahornsirup 1 EL / 10g. (wenig)
Walnüsse 1 EL gehackte / 8g. (ja)

Kochanleitung:
Trockenfrüchte einweichen. Haferflocken trocken anrösten. Trockenfrüchte, Sternanis oder Zimt und etwas geriebenen Ingwer dazugeben und alles mit Wasser zu einem Brei kochen. Mit Ahornsirup süßen. Walnüsse rösten und vor dem Servieren drüberstreuen.
Wirkung: Der Brei eignet sich gut für die kalte Jahreszeit.

3.84 Weizenfrischkornbrei mit Birnen

Fördert Verdauung, harntreibend, antiparasitär. Hilft bei Appetitlosigkeit, Blähungen, Darmentzündungen und hohem Cholesterinspiegel.
Anzahl Portionen: 2
Kalorien p. Portion   309
Gramm p. Portion   388
Kochdauer ca.   25 Min.
Allergene: ANO
(Kohlehydrat:79% / Eiweiß & Fett:21%)
100g.≈ Eiweiß 8,62g. Fett:5,6g.
µg. - Ph:14,98 Na:0,76 Ka:29,51 Mg:6,87 Ca:4,95 Fe:0,07 Zn:0,06 Col.:0 Hsr.:7,93

Zutaten:
Weizen 1 Tasse / 100g. (ja)
Wasser 2-4 Tassen / 350g. (ja)
Birne 2 Stück / 300g. (empfehlenswert)
Rosinen 1 EL / 10g. (ja)
Sesam, Weißer 1 EL / 8g. (ja)
Sonnenblumenkerne 1 EL / 8g. (ja)
Kardamom 1 Prise / 0,3g. (ja)
Salz 1 Prise / 0,3g. (wenig)

Kochanleitung:
Vorbereitung am Vorabend: Weizen grob schroten und über Nacht einweichen. Am Morgen: Weizenschrot mit etwas heißem Wasser aufsetzen und etwa 15 Min. unter Rühren köcheln. Birnenkompott, Rosinen, zerstoßenen Sesam, Sonnenblumenkerne, etwas gemahlenen Kardamom und eine Prise Salz zufügen. Varianten: mit geriebenem Apfel oder mit Obst der Saison.

3.85 Zwetschgenkuchen

Entwässert den Körper, regt die Verdauung an, bindet Fette im Darm, lindert Schmerzen, entgiftet, bakterizid, beugt Krebs vor. Gut bei Appetitlosigkeit, Blähungen, Darmentzündung, Fettsucht, Gicht, Magengeschwür, Magenkrampf, Rheuma, Sodbrennen.

Anzahl Portionen: 6
Kalorien p. Portion 503
Gramm p. Portion 307,83
Kochdauer ca. 1 Stunde
Allergene: AG
(Kohlehydrat:71,38% / Eiweiß & Fett:28,62%)
100g.≈ Eiweiß 12,33g. Fett:19,28g.
µg. - Ph:15,91 Na:4,6 Ka:32,67 Mg:3 Ca:5,23 Fe:0,16 Zn:0,02 Col.:0,05 Hsr.:8,3

Zutaten:
Topfen (Quark) 20% 200 g / 200g. (ja)
Weizen Mehl 400 g. / 400g. (ja)
Kuhmilch (Vollmilch 3,5 % Fett) 6 EL / 70g. (ja)
Rapsöl 6 EL / 70g. (empfehlenswert)
Honig 8 EL / 100g. (wenig)
Backpulver 1 Paket / 3g. (ja)
Salz 1 Prise / 1g. (wenig)
Zimtpulver 1 TL / 3g. (ja)
Zwetschken 1 Kg / 1000g. (empfehlenswert)

Kochanleitung:
Mehl, Quark, Milch, Öl, Honig, Salz und Backpulver zu einem glatten Teig verrühren. Den Teig 15. Min. kühl stellen und quellen lassen. Auf einem mit Backpapier ausgelegten Backblech den Teig auslegen, die Pflaumen gleichmäßig darauf verteilen und mit dem Zimt bestreuen. Für ca. 40 Min. bei 190 Grad backen.

4 Wirkung der Lebensmittel

4.1 Zutaten verwenden: empfehlenswert

Acaipulver
Apfel (süß)
Apfelmus
Bärentraubenblätter
Bier (alkoholfrei)
Birne
Blattsalate (bitter)
Blumenkohl (Karfiol)
Bohnen (grün, frisch)
Bohnenkraut
Borretsch
Brokkoli
Chicorée
Chinakohl
Cranberries
Erdbeere
Feldsalat
Fenchel
Fischstücke gemischt (Süßwasser)
Flaschenkürbis
Forelle
Gemüsesaft
Grüner Tee
Gurke
Gurke (bitter)
Gurke (Gewürzgurke)
Hafer Flocken (Vollkorn)
Hafer Schmelzlocken (Babynahrung)
Hering
Holunderblütentee
Kabeljau
Kamille
Karotte (Frühkarotte)
Karotte (Mohrrübe, Möhre)
Karottensaft ohne Zucker
Kirsche
Kohlrabi
Kohlrübe
Kopfsalat
Kräuterteemischung

Kurkuma (Gelbwurz)
Lachs
Leinöl
Linsen (Helmbohnen)
Maiskeimöl
Makrele
Maniokmehl
Mittelmeerfisch (Kabeljau, Scholle, Schellfisch, Seeaal, Makrele)
Müsli
Nudeln (Vollkorn) mit Ei
Paprika
Pfefferminztee
Pfirsich
Pfirsich (Dose)
Pflaume
Preiselbeere
Preiselbeersaft
Pute Brustfleisch
Radicchio
Radieschen
Rapsöl
Reis Reisschleim
Reis Vollkorn
Reis Wilder (Naturreis)
Rettich (weiß, grün, lila-rot)
Rettich Meerrettich (Kren)
Rettich schwarz
Rhabarber
Roggen Vollkornbrot
Rosenkohl
Rotbarsch
Rote Rübe
Rotkohl
Safran
Sahne sauer 10%
Sahne sauer 20%
Sauermilch
Sauerrahm 15% Fett
Schafgarbe

Scholle
Sellerie Knolle
Sellerie Stangensellerie
Sesamöl
Soja Cuisine (Soja-Sahne)
Sojabohne
Spargel (grün oder weiß)
Speiserüben
Stevia (Süßkraut)
Teemischung Harnsäuresenkend
Thunfisch
Tomate
Tomatensaft
Vogerlsalat (Pflücksalat)
Vollkornbrot
Vollkornbrot mit ganzen Körner

Vollkornmehl
Wacholderbeere
Wachskürbis
Wassermelone
Weißkohl/Weißkraut
Weizen Mehl Vollkorn
Weizen/Roggen Grau- Schwarzbrot mit Hefe
Weizenkeimöl
Weizenkleie
Wildkräuter
Wirsing/Grünkohl
Zitronenmelisse (frisch)
Zucchini
Zwetschken

4.2 Zutaten verwenden: ja

Aal geräuchert
Adzukibohnen
Agar-Agar, Agartang
Aloesaft
Amaranth
Amaranth POPS
Andornkraut
Angelikawurzel
Anis (gemeiner Fenchel)
Apfelsaft (Naturtrüb)
Aprikosen Marmelade
Artischocke
Aubergine
Austern
Austernpilze
Austernschalenpulver
Avocado
Backpulver
Baldrian
Bambussprossen
Banane
Banane Kochbanane
Banchatee
Bärlauch (Knoblauchspinat)
Barsch
Basilikum
Basilikum (frisch)
Bataviasalat
Benediktinerdistel
Berberitzenrindetee
Bier (alkoholarm)
Birnensaft
Bitterklee
Bitterorangenschale
Blätterteig

Blütenpollen
Bocksdornfrüchte (Fructus Lycii) getrocknet
Bockshornklee
Bohnenöl
Borretschöl
Boxhornkleesamen
Brennnessel
Brie
Brombeerblätter
Brombeere getrocknet (unreife)
Brösel (Weizenbrot, Semmel)
Brot mit Johannisbrotkernmehl
Buchweizen
Buchweizen (geröstet) Kasha
Buchweizen Vollkorn
Bulgur (Getreide)
Buschbohnen
Butter (halbfett)
Butter Bio
Butterbohnen weiße
Buttermilch
Calamari
Camembert
Cashewnüsse
Champignon
Channa-Dal
Chenpi (chinesische Mandarinenschale)
Chlorella (Süßwasser)
Chrysanthemenblütentee
Colagetränk (kalorienarm)
Couscous
Creme fraiche
Cumin (Kreuzkümmel)

Dashi
Datteln getrocknet
Datteln rot
Dill
Dinkel
Dinkel Brot
Dinkel Flocken
Dinkel Gries
Dinkel Vollkornmehl
Distelöl
Dornhai (Seeaal, Schillerlocken)
Dorsch
Dulse (Lappentang)
Edamer
Eibennuss
Eibisch (Hibiscus)
Eisbergsalat
Emmentaler
Endiviensalat
Ente (Frühmastente, schlachtfrisch)
Ente (Herz)
Entenei
Enzianwurzel
Erbse, grün
Erbsen
Erdbeermarmelade
Erdnussbutter
Erdnüsse
Erdnussöl
Essig (Apfelessig)
Essig (Rotweinessig)
Essig Aceto Balsamico
Essig Aceto Balsamico weiss
Essiggurke
Estragon
Färberdiestel (Hong Hua)
Färberginsterkraut
Fasan
Feige
Feige getrocknet
Fenchelsamen gemahlen
Fencheltee
Feta
Fischsouce
Flohsamen
Flunder
Forelle (geräuchert)
Frischkäse
Frischkäse aus Soja
Frischkäse mit Kräuter
Fruchtzucker (Fruktose, Traubenzucker)
Gagelpflaume
Galgant

Gans
Gans (Gänseklein)
Gans (Gänseschmalz)
Gänseblümchen
Gänseblut
Gänseei
Garam Masala Pulver
Garnele
Gelatine weiss
Gelee Royal
Gerste
Gerste (Nacktgerste)
Gerste (Perlgerste)
Gerstengras Pulver
Gerstengraupen
Gerstengrütze
Gerstenmalz
Gerstenmehl
Getreidekaffee
Gewürznelke
Ginkgofrucht
Ginsengwurzel
Glühweingewürzmischung
Gorgonzola
Gouda
Grapefruit getrocknete Schale
Graskarpfen
Grünkern
Hafer
Hafer Flocken geröstet
Hafer Mehl
Hafer Milch
Hafer Schrot
Haifisch
Hammel
Hase
Hase, wild
Haselnüsse
Hefe
Heilbutt
Hibiskustee
Hijiki
Himbeerblättertee
Himbeere
Himbeere getrocknet (unreife)
Hiobsträne (Samen) YiYi Ren
Hirsch Fleisch
Hirsch Knochen
Hirsch Nieren
Hirse
Hirseflocken
Hokkaidokürbis
Honigmelone
Hopfen

Huhn Blut
Huhn Ei
Huhn Eiweiß
Huhn Fleisch
Huhn Herz
Huhn Magen
Hummer
Hüttenkäse
Ingwer frisch
Ingwer Pulver
Ingweröl
Jakobstränen
Jasminblütentee
Joghurt (natur, 1,5 % Fett)
Joghurt (natur, 3,5 % Fett)
Johannisbrotkernmehl
Kaffeeweißer
Kakao
Kaki-Pflaume
Kaktusfeige
Kalmus
Kaninchen Fleisch
Kaninchen Leber
Kapern (eingelegt)
Kapuzinerkresse
Karausche
Kardamom
Karpfen
Kartoffel
Kartoffel (mehlige)
Kartoffelmehl
Käsepappeltee
Kastanien (Maronen)
Kaviar
Kefir
Kerbel
Kerbel getrocknet
Kichererbsen
Kiwi
Klementine
Klettenwurzeltee
Knäckebrot
Knoblauch
Kokosflocken
Kokosmilch
Kokosnussfleisch
Kokosraspeln
Kombualge
Koriander
Koriandergrün
Korinthen (rot)
Korinthen (schwarz)
Krabbe
Krake

Kräuter bittere
Kräuter der Provence
Kräuter verschiedene
Kräuter Wildkräuter
Kresse
Kuhmilch (1,5 % Fett)
Kuhmilch (Vollmilch 3,5 % Fett)
Kukichatee
Kümmel
Kümmel gemahlen
Kumquat
Kürbis
Kürbiskerne
Kürbiskernöl
Kuzu
Lamm Fleisch
Lamm Knochen
Lamm Schulter
Languste
Lauch (Porree)
Lauchzwiebel Schnittlauch
Laugengebäck
Lavendelblüten
Leberglättertee
Leinsamen
Leinsamen (geschrotet)
Liebstöckel
Liebstöckelsamen
Limabohnen
Lindenblütentee
Linsen gelb
Linsen rot
Linsen schwarz
Löffelbiskuit
Longane
Loquate/Japanische Mispel
Lorbeerblatt
Lotossamen
Lotoswurzeln
Löwenzahn (junger)
Löwenzahnsaft
Löwenzahnwurzeltee
Luohan-Frucht
Lychee
Lychee (Konserve)
Magermilchpulver
Mais
Mais (geröstet)
Mais (Schnellpolenta)
Mais Gries (Polenta)
Mais Mehl (Maizena)
Maishaartee
Maisstärke
Majoran

Makannastern Samen
Malventee
Malz
Mandelmilch
Mandelmus
Mandeln
Mango
Mangold
Mangopulver
Margarine
Mascarpone
Maulbeerfrucht
Meeräsche
Meereskrebs
Mehrkornbrot (Graubrot)
Melisse
Miesmuscheln
Mineralwasser
Miso
Miso schwarz (fermentiert)
Mispel
Mixed Pickels
Mohn
Molke
Morchel (schwarz, getrocknet)
Mozzarella
Mu-Erh-Pilz
Mungbohne
Mungbohnensprossen
Muskatnuss
Nachtkerzenöl
Nelke
Nierenbohnen (rote)
Nori, Purpurtang, Rotalge
Nudeln (Weizen) mit Ei
Nudeln (Weizen, Bandnudeln) mit Ei
Nudeln (Weizen, Lasagneblätter) mit Ei
Nudeln (Weizen, Spagetti) mit Ei
Odermennig
Okra
Oliven
Oliven grün
Olivenöl
Orange abgeriebene Schale
Orange getrocknete Schale
Orange Schale
Orangenblüten
Oregano frisch
Oregano getrocknet
Palmöl
Papaya
Paprika (Rosenpaprikapulver)
Paprika (süß)
Paranuss

Parmesan
Passionsblumenblütentee
Pastinake
Peperoni
Petersilie
Petersilienwurzel
Pfeffer weiss (gemahlen)
Pfefferminze
Pfeilwurzelmehl
Pferd Fleisch
Pfifferlinge/Eierschwammerl
Pflaume getrocknet
Piment
Pinienkerne
Pintobohnen gesprenkelt
Pistazien
Puddingpulver Vanille
Pumpernickel
Pute Schinken
Qualle
Quargel 20%
Quinoa
Quitte
Reh Fleisch
Reis Basmatireis
Reis Duftreis
Reis Gaoliangreis (Sorghum)
Reis Klebreis
Reis Langkornreis
Reis Roter
Reis Rundkornreis
Reis Schwarzer
Reis Sorte beliebig
Reis Süßer
Reishi
Reismalz
Reismehl
Reisnudeln
Reisstärke
Rettichblätter (vom Wochenmarkt)
Rind (Kalb)
Rind Filet
Rind Fleisch
Rind Fleischknochen
Rind Herz
Rind Herz (Kalb)
Rind Knochenmark
Rind Lunge (Kalb)
Rind Magen
Rind Ochsenschwanzstücke
Rind Suppenfleisch
Roggen
Roggenmehl
Römersalat/Lattich-Salat

Rosenblättertee
Rosenblütentee
Rosinen
Rosmarin
Sago (Getreide)
Sahne 10% Kaffeesahne
Sahne sauer 30%
Salbei
Salz Kräutersalz
Sardellen/Sardine
Saubohnen (Dicke Bohnen)
Sauerampfer
Sauerteig
Schaffleisch
Schafgarbentee
Schafmilch Joghurt
Schafskäse
Schafsmilch
Schimmelkäse
Schlehdorn
Schmelzkäse 12%
Schmelzkäse 30%
Schnecke
Schwarzaugenbohnen
Schwarze Bohnen
Schwarzer Fungu Pilz
Schwarzkümmel
Schwarzwurzel
Schwedenkraut (Schwedenbitter)
Schwein Blut
Schwein Bratwurst
Schwein Darm
Schwein Fett
Schwein Fleisch
Schwein Haut
Schwein Haxe (Eisbein)
Schwein Hirn
Schwein Lunge
Schwein Magen
Schwein Markknochen (Röhrenknochen)
Schwein Mettwurst
Schwein Schinken
Schwein Schinken gekocht
Schwein Schinken geselcht
Schwein Schinkenspeck
Seegurke
Senfsamen
Sesam Paste (Tahini)
Sesam, Schwarzer
Sesam, Weißer
Sesamöl geröstet
Shiitake, getrocknet
Shrimps

Silbermorchel, getrocknet
Soja Tofu
Soja Tofu geräuchert
Sojabohnen, Gelbe
Sojabohnen, Schwarze
Sojabohnen, Schwarze, fermentiert
Sojabohnenmilch
Sojacreme
Sojamehl
Soja-Nudeln
Sojaöl
Sojapaste (Miso)
Sojasauce
Sonnenblumenkerne
Sonnenblumenöl
Spinat
Spitzwegerichtee
Stangenbohnen (Fisolen)
Steinpilz/Herrenpilz
Sternanis
Stutenmilch
Süßholzwurzeltee
Süßkartoffel
Süßwasserfisch
Süßwasserkrebs
Taube
Taube Ei
Thymian
Thymian getrocknet
Tintenfisch
Toastbrot (Vollkorn)
Tomate getrocknet
Tomatenmark
Tomatenpüre
Tonicwasser
Topfen (Quark) 20%
Topfen (Quark) 40%
Trauben rot
Trauben weiß
Traubenkernöl
Trüffel
Tsampa (geröstetes Gerstenmehl)
Umeboshipaste
Umeboshipflaumen (Japanaprikosen)
Vanille
Vanillepulver
Vanilleschote
Vanillezucker natur
Vogelmiere
Wachtel
Wachtel Ei
Wakame
Walnüsse
Walnüsse geröstet

Walnussöl
Wasser
Wasser heiss
Weißdorn
Weiße Bohnen
Weißfischchen
Weißwurz
Weizen
Weizen Bulgurweizen
Weizen Fladenbrot
Weizen Flocken
Weizen Gras Pulver
Weizen Gries
Weizen Gries - Kindergries
Weizen Mehl
Weizengrassaft
Wermutkraut
Wildschwein Fleisch
Yamswurzel, Yamswurzelknolle

Yogitee
Ysop
Ziege
Ziegen- und Schafsblut
Ziegen- und Schafshirn
Ziegen- und Schafsmagen
Ziegen- und Schafsmilch
Ziegenkäse
Zimtpulver
Zimtstange
Zitrone Schale
Zitronengras
Zitronenmelisse (getrocknet)
Zuckerersatz (Süßstoff)
Zwieback
Zwiebel Frühlingszwiebel
Zwiebel rot
Zwiebel Schalotte
Zwiebel weiss

4.3 Zutaten verwenden: wenig

Aal
Acerola Fruchtnektar oder Pulver
Agavendicksaft
Ahornsirup
Ananas
Ananas (aus der Dose)
Ananassaft ungezuckert
Apfel (sauer)
Aprikose
Aprikose getrocknet
Aprikosennektar
Bier (Altbier)
Bier (Pils)
Bitter Lemon
Bitterlikör
Brombeere
Brötchen (Semmel)
Butterschmalz
Campari
Clementinen
Curry
Currypaste rot
Erdnuss (geröstet)
Fernet Branca (Kräuterbitterlikör)
Fisch Innereien
Fischreste
Ginsenglikör
Guave
Hagebutte
Hagebuttentee
Heidelbeere
Heidelbeere getrocknet

Holunderbeeren
Honig
Honigwein (Met)
Huhn Eigelb
Huhn Leber
Johannisbeere (rot)
Johannisbeere (schwarz)
Johannisbeere (weiß)
Karambole/Sternfrucht
Kirsche (sauer)
Kokosfett
Lamm Leber
Lamm Nieren
Lycheelikör
Malzbier
Mandeln Marzipan
Margarine (Diät)
Marillen
Marillensaft
Martini
Mayonnaise 50%
Mayonnaise 80%
Mirabelle
Moosbeere
Nektarine
Orange
Orangenmarmelade
Passionsfrucht (Maracuja)
Preiselbeermarmelade
Prosecco
Reineclaude
Rind Leber

Rind Niere
Rote Grütze (ohne Zucker)
Rotwein
Sahne, süß 30%
Sake
Salz
Sanddorn
Sauerkirsche
Sauerkraut
Schokolade
Schokolade (Diabetiker)
Schwein Herz
Schwein Leber
Schwein Nieren
Schwein Schmalz
Senf
Senf Dijon
Senf mittelscharf
Senf süß
Sherry
Stachelbeere
Walderdbeeren
Weißbrot (Weizenbrot)

Weißbrot Baguette
Weißbrot Brösel (Weizenbrot)
Weißbrot Knödelbrot (Weizenbrot)
Weißbrot Salzstangerl
Weißbrot Semmel
Weißwein
Weizen Bier
Wermut
Ziegen- und Schafsleber
Zitrone
Zitrone Saft
Zitrone, Limette
Zucker (Staubzucker)
Zucker (weiß, aus Rüben)
Zucker braun
Zucker Fructose Fruchtzucker
Zucker Glukose Traubenzucker
Zucker Kandis weiß
Zucker Melasse
Zucker Milchzucker
Zucker Palmzucker
Zucker Ursüße (Zuckerrohr) süß

4.4 Kontraindikativ wirkende Lebensmittel nicht verwenden

Astronautenkost
Beeren der Saison
Beerensaft
Bratöl
Brombeermarmelade
Chili (Schote oder gemahlen)
Colagetränk
Erdbeersaftgetränk
Früchtetee
Granatapfel
Grapefruit/Pampelmuse/Pomelo
Grapefruitsaft
Heidelbeermarmelade
Heidelbeersaft
Himbeermarmelade
Johannisbeermarmelade (rot)
Johannisbeermarmelade (schwarz)
Johannisbeernektar (schwarz)

Kaffee
Kirschenkompott
Kirschsaft
Kompott (Früchte der Saison)
Mandarine
Mangosaft
Obstmischung Fruchtsaft
Orangensaft
Peperoni, gelb, entkernt, halbiert
Peperoni, rot, entkernt, halbiert
Pfeffer Cayenne
Pfeffer Körner
Rum
Schnaps
Schwarztee
Tabasco
Traubensaft rot
Traubensaft weiß

5 Komplementär

5.1 Dekokt (Abkochung)

5.1.1 Holunder (Blüten)
Fördert Wasserlassen.
2 – 3 TL getrocknete Blüten in 150ml kochendes Wasser geben, zugedeckt 3 – 5 Min. ziehen lassen. Abseihen und möglichst heiß trinken. Tropfen, die sich im Deckel gesammelt haben in den Tee geben, denn auch hier befinden sich wertvolle Inhaltsstoffe.

5.1.2 Wacholderbeeren
Fördert Verdauung. Gut gegen Appetitlosigkeit, Müdigkeit, Rheuma, Gicht, Abwehrschwäche, Reizblase. Harnregulierend.
2 Teelöffel des Tees mit 250 ml kochendem Wasser übergießen und 10 Minuten ziehen lassen. Danach absieben. Nach Bedarf 2 bis 3 Tassen pro Tag trinken.
Überdosierung meiden, Schwangere und akuten Nierenkranke sollten verzichten. Bei äußerlicher Einwirkung kann es zu einer Entzündung der Haut mit Blasenbildung kommen.

5.2 Fertiggetränk

5.2.1 Aronia (Apfelbeeren)
Gegen freie Radikale. Aufgrund des hohen Flavonoid-, Folsäure, Vitamin-K- und Vitamin-C-Gehalts zählt die Aronia zu den Heilpflanzen. Die Aronia sind im Fachhandel als getrocknete Beeren, als Saftkonzentrat, als Tee und als Getränk erhältlich.
1-2 Glas pro Tag
Aufgrund des hohen Flavonoid-, Folsäure, Vitamin-K- und Vitamin-C-Gehalts zählt die Aronia zu den Heilpflanzen. Die Aronia sind im Fachhandel als getrocknete Beeren, als Saftkonzentrat, als Tee und als Getränk erhältlich.

5.3 Heil-Tee (Aufguss)

5.3.1 Cannabis
Hohe Effizienz bei der Bekämpfung von Chemotherapie bedingten Nebenwirkungen. Schmerzlindernd.

Ein unverständlicherweise immer noch leicht kontroverses Thema ist die Anwendung des vergleichsweise mild wirkenden Marihuanas bei Krebs, besonders wenn man sich mal Folgen und Umfang des alltäglichen klinischen Einsatzes von Morphium -einer dem Heroin verwandten Substanz- vor Augen führt. Marihuana zeigte im Tierversuch direkt tumorhemmende und Lebensverlängernde Wirkung. Außerdem unterdrückt der im Cannabis enthaltene Wirkstoff Delta-9-Tetrahydrocannbinol (THC) offenbar die Reproduktion von Gamma-Herpesviren, welche im Verdacht stehen Krebs auszulösen. Das Haupteinsatzgebiet von Cannabis bei Krebs ergibt sich allerdings aus seiner hohen Effizienz bei der Bekämpfung von Chemotherapie bedingten Nebenwirkungen. In der Vergangenheit wurden zwar eine Reihe von Medikamenten -in der Regel Phenothiazine und Butyrophenone- entwickelt welche diese Nebenwirkungen, üblicherweise Übelkeit und Erbrechen, mehr oder weniger erfolgreich unterdrücken sollten, jedoch scheint nach Aussage von Wissenschaftlern die Wirkung von Cannabis diesen Substanzen klar überlegen zu sein, wobei es jedoch manchmal Dosierungen bedarf, die einen Einfluss auf das Zentralnervensystems möglich erscheinen lassen, d.h. es kann zu einem leichten Rausch kommen. In einer randomisierten Doppelblindstudie wurde 23 Kindern in Chemotherapie das synthetische Cannabinoid 'Nabilon' als Mittel gegen ihre Chemotherapie bedingten Nebenwirkungen verabreicht. 18 von ihnen schlossen die Studie erfolgreich ab. Sie litten dabei alle unter weniger Übelkeit und Erbrechen als die Kinder der Kontrollgruppe. Bei 2/3 von ihnen zeigte sich außerdem Nabilon vergleichbaren Mitteln gegenüber als überlegen. Nebenwirkung waren Schläfrigkeit und Benommenheit.
Es kann zu einem leichten Rausch kommen. Die Resorption anderer, gleichzeitig eingenommener Arzneimittel kann verlangsamt oder behindert werden. bei Überdosierung: Übelkeit, Erbrechen, Diarrhöe, Gereiztheit.

5.3.2 Goldrutenkraut
Diuretisch, lindert Entzündungen der ableitenden Harnwege.

5.3.3 Heidelbeeren Blätter
Lindert Durchfall mit und ohne Blut. Regt Appetit an, lindert Blähungen. Gut gegen Zystitis mit Bakterien (Harn desinfizierend), Harnröhrenkatarrh, atonische Harninkontinenz.
5-10g Blätter auf 1 Liter Wasser.

5.3.4 Kamille

Krampflösend und entzündungshemmend bei Verdauungsstörungen, beruhigt die Nerven und fördert guten Schlaf. Äußerlich angewendet heilt er Wunden sowohl im Mund-Rachen-Raum als auch der Haut. Stärkt Sehkraft.
2 Teelöffel des Tees mit 250 ml kochendem Wasser übergießen und 10 Minuten ziehen lassen. Danach absieben. Nach Bedarf 2 bis 3 Tassen pro Tag trinken.
Wirkstoffe: Äth. Öl: Chamazulen, Bisabolol, Flavonoide, Cumarine
Vor Dauergebrauch wird gewarnt, ansonsten unbedenklich.

5.3.5 Maisbart

Unterstützt das Wasserlassen, entspannt die Venen, reduziert Blutzucker.
10-30 g

5.3.6 Rooibos

Antioxidativ, entzündungshemmend, krebshemmend, schützt durch enthaltene Flavonoide, positive Wirkung auch auf Alzheimer, Arteriosklerose. Antiallergisch, hemmt die Histaminausschüttung. Antibakteriell, antiviral, antifungal, entgiftend (basisch).
3-4 Teelöffel Rooibos mit einem Liter kochendem Wasser überbrühen und 6-10 Min. ziehen lassen. Bei weichem Wasser benötigen Sie weniger Tee für die Zubereitung, bei härterem Wasser empfehlen wir eine höhere Dosierung.

5.4 Kapseln

5.4.1 Holunderschwamm, Chinesische Morchel, Mu Err

Ähnlich entzündungshemmender Effekt wie Aspirin, diesem gegenüber jedoch die klaren Vorteile, weder die Blutgefäße zu beschädigen noch die Produktion der Magenschleimhaut zu hemmen. Er wirkt befeuchtend auf die Schleimhäute.
Der Mineralstoff- und Spurenelementanteil beträgt ca.5,4% des getrockneten Pilzes. Davon ist ca. ein Drittel Kalium, gefolgt von Kalzium, Natrium, Silizium, Magnesium und Phosphor. An Vitaminen ist momentan nur Vitamin B1 zu nennen. Der Pilz enthält reichlich ß-D-Glucane, Polysaccharide, Glykoproteine und Aminosäuren.

5.5 Komplementäre Anwendung

5.5.1 Akupunktur

Die Akupunktur gehört zu den Nerven oder Organe regulierenden Therapien.
Traditionelle Chinesische Medizin (TCM) bezeichnet meist eine Auswahl von diagnostischen und therapeutischen Verfahren, die im chinesischen Kulturkreis in vielen Jahrhunderten angewandt wurden.
Das chinesische Wort für Akupunktur besteht aus zwei Teilworten, die die Hauptanwendung der Akupunktur beschreiben, nämlich dem Einstechen der Nadel in die Akupunkturpunkte und dem Erwärmen (Moxibustion) der Punkte. Akupunktur in der Ming-Dynastie (1368–1644). Bibliothèque Nationale, Paris. In der Akupunktur wird die Existenz von 361 Akupunkturpunkten angenommen, die auf den Meridianen angeordnet sind. Demnach gibt es zwölf Hauptmeridiane, die jeweils spiegelverkehrt auf beiden Körperseiten paarig angelegt sind, acht Extrameridiane und eine Reihe von so genannten Extrapunkten. Nach Meinung der Anhänger der Traditionellen Chinesischen Medizin wird durch das Einstechen der Nadeln der Fluss des Qi beeinflusst. Die Akupunktur gehört zu den Umsteuerungs- und Regulationstherapien. Noch älter als die Akupunktur ist die Akupressur. Hier werden die Punkte mit Hilfe der Fingerkuppen massiert. Das Konzept der Ohrakupunktur (auch Auriculotherapie genannt) wurde vom französischen Arzt Paul Nogier entwickelt. 1954 berichtete er erstmals in der Deutschen Zeitschrift für Akupunktur über seine Erfahrungen und 1961 stellte er seine Diagnose- und Therapieform auf einem Akupunkturkongress in Deutschland vor. Die Behandlung über das Ohr ist zwar auch aus der chinesischen Akupunktur bekannt, es werden dort jedoch nur wenige Punkte – und diese auch nur selten – verwendet. Daneben besteht noch das Konzept der koreanischen Handakupunktur, bei der die Meridiane fast komplett auf den Händen abgebildet sind, sowie das der Schädelakupunktur mit Abbildung der Meridiane auf den Schädel. Ähnliche Vorstellungen stecken auch hinter der Fußakupunktur.
Heutzutage wird immer öfter von der Krankenversicherung die Akupunktur zur Schmerztherapie angeboten. Auch bei Krankenhausaufenthalten kann eine Therapie in Anspruch genommen werden. Die Therapie kann mit Nadeln aber auch sanfter mit Pflaster selbst während der Chemotherapie durchgeführt werden.

5.5.2 Apitherapie

Die Heilwirkung von Honig, Propolis, Blütenpollen, Gelee Royale und Bienengift: Propolis hat starke antibakteriellen, pilzhemmende und

antiallergischen Eigenschaften und unterstützt dadurch jeden Heilungsprozess.
Das Heilen mit Bienenprodukten ist eine der ältesten Therapieverfahren. Die Heilwirkung von Honig, Propolis, Blütenpollen, Gelee Royale und Bienengift sind lange bekannt. Propolis hat starke antibakteriellen, pilzhemmende und antiallergischen Eigenschaften und unterstützt dadurch jeden Heilungsprozess. Blütenpollen ist aufgrund seines Reichtums an essentiellen Aminosäuren, sekundären Pflanzenstoffen (u. a. Flavonoide), organisch gebundenen Mineralstoffen und Vitaminen ein wichtiges Mittel zur Stärkung der Abwehrkräfte. Das Wachstum von Krebszellen (Neuroblastom) könnte gehemmt werden. Der Wirkstoff Artepillin C soll die Bildung neuer Blutgefäße im Tumor hemmen, was zum Aushungern und damit zur Schrumpfung führen kann. Heute weiß man, dass die Entstehung bestimmter Krebsarten im Zusammenhang mit Viren steht. In dem Propolis seine antivirale Wirkung entfaltet, kann eine krebsvorbeugende und krebshemmende Wirkung entstehen.

5.5.3 Einschlafkissen mit Hopfenzapfen

Entspannend, ausgleichend, stimmungsaufhellen.
Bei Bedarf anwenden.

5.5.4 Enzympräparate

Enzyme sind Proteinketten, die biochemische Reaktionen auslösen. Sie könnten Umweltgifte neutralisieren und freien Radikalen, Bakterien, Viren und Pilzen entgegenwirken.
Die Dosierung für eine Therapie und eine Kombination von Präparaten legt der Arzt für jeden Patienten individuell fest.
Bei einer Erkrankung der Bauchspeicheldrüse verschreibt der Arzt Enzympräparate. Hierfür verwendet man Enzyme, die aus der Bauchspeicheldrüse des Hausschweins stammen.
Durch Zufuhr von Enzymkombination geht man davon aus, dass das Immunsystem positiv beeinflusst oder die Entzündungsheilung gegebenenfalls beschleunigt wird.
Die Einnahme von Enzympräparaten löst manchmal allergische Reaktionen aus. In einigen Fällen tritt eine Verdauungsstörung in Form von Blähungen, Übelkeit, Bauchschmerzen, Erbrechen und Durchfall auf.
Keine Enzymtherapie während der Schwangerschaft.

5.5.5 Hyperthermie

Künstlich erzeugte Temperaturerhöhung in Organen.
Die künstlich erzeugte Temperaturerhöhung (Therapeutische Hyperthermie oder Onkothermie) wird zur Behandlung einiger

Krebserkrankungen angewendet. Dabei werden entweder der gesamte Körper oder einzelne Bereiche des Körpers durch Wärmestrahlung erwärmt (Mikro- oder Radiowellen, bzw. durch Infrarotstrahler). Sie wird meistens mit Strahlen- oder Chemotherapie kombiniert. In der Behandlung von Krebserkrankungen wird sie vor allem dann eingesetzt, wenn andere Verfahren (Operation, Strahlentherapie, Chemotherapie) keinen ausreichenden Erfolg mehr versprechen, das heißt, wenn die Patienten austherapiert sind. Interesse ist dabei allgemeine Leistungssteigerung und die Steigerung der Immunabwehr welches als Ergänzung von Krebstherapien hilfreich ist. Computergesteuert werden Radiowellen in Tumorbereiche gebündelt, und es erfolgt eine Erwärmung auf 42 bis maximal 44 °C. Die Temperatur wird für ca. 60 bis 90 Minuten aufrechterhalten. Es wurde festgestellt, dass die Zytostatika bei einer Chemotherapie bei Temperaturen über 40 °C deutlich aggressiver wirken als bei normaler Körpertemperatur. Durch Überhitzung geschädigte Tumorzellen können leichter durch eine Strahlentherapie bekämpft werden, weil ihre Reparaturfähigkeiten herabgesetzt sind. Untersuchungen haben weiterhin ergeben, dass Krebszellen bei einer Erwärmung auf ca. 42 °C im Gegensatz zu gesundem Gewebe besonders geartete Eiweißstrukturen auf ihrer Oberfläche bilden. Diese Eiweißstrukturen (Hitzeschockproteine), werden meistens vom Abwehrsystem als körperfremd erkannt, so dass die Krebszellen vom Abwehrsystem des Körpers zerstört werden können. Bei Temperaturen bis 46 °C innerhalb des Tumors kann die Wirkung einer gleichzeitig angewandten Strahlen- oder Chemotherapie verstärkt werden. Die Wärme beeinträchtigt aber auch Proteine, die dafür verantwortlich sind, dass chemoresistente Tumorzellen die für Diese schädlichen Zytostatika aus den Zellen wieder herausschleusen können. Fallen diese Ausschleusesysteme durch Wärmeeinwirkung aus, sterben selbst chemoresistente Tumorzellen, weil die Wirkstoffe weiterhin in den Zellen verbleiben.

5.5.6 Klangschalentherapie

Durch Klangwellen, die beim Anschlagen einer Klangschale entstehen, lernen die Betroffenen, sich wieder zu entspannen.
Viele Krebs-Patienten leiden vor allem psychisch unter ihrer Erkrankung. Sie können sich nicht mehr richtig entspannen und haben große Angst. Ihnen kann die Klangschalentherapie helfen. Durch Klangwellen, die beim Anschlagen einer Klangschale entstehen, lernen die Betroffenen, sich wieder zu entspannen. Durch die tiefe Entspannung können aber auch Entscheidungen oder Erkenntnisse besser wahrgenommen werden welche einer erfolgreichen Krebstherapie helfen. Die Therapeuten können zu speziellen Fragestellungen motivieren und dann die Patienten

in die Entspannung führen. Im Zustand dieser tiefen Entspannung können die Gedanken dann um so ein Thema kreisen gelassen werden und so eine Verarbeitung von Erfahrungen leichter bewältigt werden.

5.5.7 Lichttherapie

Lichttherapie ist eine komplementäre und schonende Behandlung gegen saisonale Depressionen.
Heute gibt es mit der Lichttherapie, ein komplementäre und schonende Behandlung gegen saisonale Depressionen. Die meisten Patienten fühlen sich bereits nach wenigen Anwendungen wesentlich besser und ein überwältigend hoher Prozentsatz kann sogar dauerhaft vom sogenannten SAD-Syndrom (Erschöpfungssyndrom) geheilt werden. Speziell bei chronischen Erkrankungen können die positiven Wirkungen auf die Psyche stimulieren und so einen Heilerfolg unterstützen.
Eine punktuelle Lichttherapie kann bei Hautkrebs oder im Bereich von Mund und Rachentumoren eingesetzt werden. Dabei wird zunächst eine lichtempfindliche Substanz verabreicht und danach mit speziellen Lichtfrequenzen bestrahlt. Bei der Bestrahlung bilden sich aus den lichtempfindlichen Substanzen aggressive Sauerstoff Moleküle, welche die Tumorzellen direkt abtöten oder zum Verschluss von Blutgefäßen führen, wodurch ebenfalls Tumorzellen abgetötet werden. Das gesunde Gewebe in der Umgebung wird weitestgehend geschont.

5.5.8 Lymphdrainage

Die Manuelle Lymphdrainage ist eine Therapieform der physikalischen Anwendungen.
Die Manuelle Lymphdrainage ist eine Therapieform der physikalischen Anwendungen. Die Therapeuten sind vornehmlich Masseure, Krankengymnasten und Physiotherapeuten. Die Anwendung ist nur dem Fachpersonal mit der entsprechenden Zusatzausbildung in manueller Lymphdrainage an einem zugelassenen Lehrinstitut erlaubt. Die Wirkungsweise der manuellen Lymphdrainage ist breit gefächert. So dient sie hauptsächlich als Ödem- und Entstauungs-Therapie geschwollener Körperregionen, wie Körperstamm und Extremitäten (Arme und Beine). Durch kreisförmige Verschiebetechniken, welche mit leichtem Druck angewandt werden, wird die Flüssigkeit aus dem Gewebe in das Lymphgefäßsystem verschoben. Die Manuelle Lymphdrainage wirkt sich überwiegend auf den Haut- und Unterhautbereich aus und soll keine Mehrdurchblutung, wie in der klassischen Massage, bewirken.
Auch in der Schmerzbekämpfung, wie auch vor und nach Operationen tut sie gute Dienste, das geschwollene, mit Zellflüssigkeit überladene Gewebe zu entstauen. Der Patient spürt eine deutliche Erleichterung,

Schmerzmittelgaben können verringert werden, der Heilungsprozess verläuft schneller. Kontraindikationen (Gegenanzeigen) sind hierbei genauestens zu beachten.
Bei manchen Krebsarten wird von einer Lymphdrainage unmittelbar nach Operationen abgeraten, da unter Umständen Krebszellen so weiter verbreitet werden und Metastasen bilden könnten.

5.5.9 Misteltherapie

Die Misteltherapie ist die am besten dokumentierte komplementäre Begleitung zur klassischen onkologischen Krebstherapie
Die Misteltherapie ist die am besten dokumentierte komplementäre Begleitung zur klassischen onkologischen Krebstherapie Sie besteht aus einem wässrigen Extrakt der Mistel. Dieser Extrakt wird mit einer Spritze unter die Haut gespritzt. Immer mehr Ärzte und Patienten vertrauen auf ihre verlässliche und sichere Wirkung und die ausgezeichnete Verträglichkeit. Die Wirkung der Misteltherapie ist eine bessere Verträglichkeit der Chemotherapie. Die Verbesserung des Allgemeinzustandes (Verringerung der Pflegebedürftigkeit und Besserung der körperlichen und mentalen Befindlichkeit) sowie eine Verbesserung von Schlaf und Appetit. Auch eine Reduktion von Schmerz ist feststellbar. Die Misteltherapie wird von Ihrem Arzt verordnet (Rezept). Mit diesem Rezept holen Sie sich dann in der Apotheke das Arzneimittel. Im Vergleich zum praktischen Nutzen sind die Kosten der Therapie sehr gering; egal ob sie von der Krankenkasse bezahlt wird, oder nicht (die Genehmigung variiert).

5.5.10 Selbsthilfegruppen

Die meisten Mitglieder von Selbsthilfegruppen haben die Erfahrung gemacht, die Belastungen der Erkrankung besser zu bewältigen.
Die meisten Mitglieder von Selbsthilfegruppen haben die Erfahrung gemacht, die Belastungen der Erkrankung besser zu bewältigen. Durch den Erfahrungsaustausch werden die für den jeweiligen Krankheitsverlauf besten Möglichkeiten der Mithilfe bei der Therapie erkannt. Durch die Eingliederung in eine Gemeinschaft wird auch der Zustand der Einsamkeit in seiner Situation bewältigt. Speziell bei der Lösungsfindung zu einzelnen Situationen können selbst Betroffene viel glaubwürdiger ihr Fachwissen vermitteln als Personen, welche die Methoden lediglich theoretisch gelernt haben. Die Mitglieder können außerdem meistens besser mit Ärzten und Therapeuten sprechen, weil die Themen bereits in den Gruppen besprochen wurden. Außerdem gelingt den Selbsthilfegruppen oft kritische und innovative Impulse auszudrücken, welche zur Veränderung und zum Umdenken im

professionellen Bereich beitragen. In Selbsthilfegruppen wird Fachwissen zusammengetragen und durch Erfahrungen der einzelne Betroffenen ergänzt. So entsteht ein ganzheitliches Wissen, das die Mitglieder befähigt, Entscheidungen fundiert zu treffen und in unüberschaubaren System der Therapieangebote professionelle Dienste sinnvoll zu nutzen. Patienten, die in der Selbsthilfe engagiert sind, haben oft kürzere Klinikaufenthalte, weniger Therapiestunden und einen geringeren Medikamentenverbrauch.

5.6 Verschiedene Möglichkeiten

5.6.1 Brennnessel Wurzel

Stabilisiert Harnverhalten. Gut gegen Rheuma und Gicht

5.6.2 Kurkuma Wurzel

Gut bei Schmerzen in Brust oder Abdomen, Hämatome, gynäkologische Beschwerden, Tumore.
Nicht bei Leber- oder Gallenentzündungen oder Schwangerschaft verwenden.

5.6.3 Liebstöckelwurzel

Fördert die Wundheilung. Gegen Müdigkeit, Harnwegsinfekte, Appetitmangel, Übelkeit und Erbrechen, Erkältungen, Hauterkrankungen.

5.6.4 Meerrettich

Gut gegen Allergien, Stirnhöhleninfektionen, Nieren - u. Blaseninfektion, Bronchitis, Rheuma, Kopf - u. Zahnschmerzen.
Wirkstoffe: Senföl Glykoside, Gluconasturtiin, Sinigrin, Vitamin C, Kalium
Zuviel kann zu Reizungen im Magen - Darm u. Niere führen.

5.6.5 Reishi

Regeneriert die Leber, wirkt entgiftend und entzündungshemmend. Gut gegen chronischer Hepatitis, Schwellungen, Rötungen und Juckreiz. Reguliert das Immunsystem, weckt und unterstützt die Selbstheilungskräfte. Verbessert die Sauerstoffsättigung des Blutes. Als Zugabe zu Tee, Kakao oder Kaffee. Als Kapseln, Extrakt, Pulver oder ganzer Pilz.
Reishi ist reich an Mineralstoffen und Spurenelementen Magnesium, Kalium, Calcium, Eisen, Zink, Kupfer, Mangan und organisch gebundenes Germanium, welches in der Tumortherapie und für die Interferonproduktion eine große Rolle spielt. Wertvollen Polysaccharide,

Glykoproteine, Proteoglykane, Triterpene, Sterole, Alkaloide und eine Vielzahl weiterer hochaktiver Wirksubstanzen.

6 Grundlagen der Ernährung

Die hier beschriebenen Grundlagen der Ernährung zeigen allgemeine Empfehlungen und beziehen sich nicht auf eine spezielle Therapieform. Die Empfehlungen der Therapie haben Vorrang.

6.1 Ernährung

Die regelmäßige Einnahme von Mahlzeiten in entspannter Atmosphäre. Ein wärmendes Frühstück gilt als guter Start in den Tag. Mittags sollte die Hauptmahlzeit stattfinden - das Abendessen am frühen Abend.

Die Beachtung von Hunger- und Sättigungsgefühlen: Nicht überessen und nicht hungern, so lautet die Regel.

Die frische Zubereitung der Speisen aus naturbelassenen, regionalen Produkten. Tiefgekühlte, hitzekonservierte, industriell vorgefertigte oder mikrowellengegarte Lebensmittel werden gemieden.

Die Auswahl von Lebensmittel nach der Jahreszeit: Im Sommer mehr kühlende Nahrung, im Winter mehr wärmende Nahrung.

Mindestens zweimal am Tag Gekochtes essen. Speisen und Getränke sollen möglichst handwarm, niemals eiskalt oder heiß sein.

Rohkost, kurz gegartes Gemüse, frisch gepresste Säfte und Mineralwasser werden üblicherweise nicht empfohlen. Milch und Milchprodukte stehen nur dann auf dem Speiseplan, wenn sie problemlos vertragen werden.

Therapeutische Rezepte nicht über einen längeren Zeitraum ohne Rücksprache mit dem Arzt oder Therapeuten einnehmen.

1. Vielseitig essen
Lebensmittelvielfalt genießen. Merkmale einer ausgewogenen Ernährung sind abwechslungsreiche Auswahl, geeignete Kombination und angemessene Menge nährstoffreicher und energiearmer Lebensmittel. (Einerseits Schutz vor Unterversorgung mit essentiellen Nährstoffen und andererseits Schutz vor einer überhöhten Zufuhr unerwünschter Inhaltsstoffe.)

2. Reichlich Getreideprodukte - und Kartoffeln
Brot, Nudeln, Reis, Getreideflocken (am besten aus Vollkorn), sowie Kartoffeln enthalten kaum Fett, aber reichlich Vitamine, Mineralstoffe, Spurenelemente sowie Ballaststoffe und sekundäre Pflanzenstoffe. Diese Lebensmittel sollten mit möglichst fettarmen Zutaten verzehrt werden.

3. Gemüse und Obst - Nimm "5" am Tag ...
5 Portionen Gemüse und Obst am Tag, möglichst frisch, nur kurz gegart, oder auch eine Portion als Saft – idealerweise zu jeder Hauptmahlzeit und auch als Zwischenmahlzeit: Damit werden reichlich Vitamine, Mineralstoffe sowie Ballaststoffe und sekundären Pflanzenstoffe (z.B. Carotinoiden, Flavonoiden) zugeführt. Das Beste, was man für die eigene Gesundheit tun kann.

4. Täglich Milch und Milchprodukte, ein- bis zweimal in der Woche
Fisch; Fleisch, Wurstwaren sowie Eier in Maßen. Diese Lebensmittel enthalten wertvolle Nährstoffe, wie z.b. Calcium in Milch, Jod, Selen und Omega-3-Fettsäuren in Seefisch. Fleisch ist wegen des hohen Beitrags an verfügbarem Eisen und an den Vitaminen B1, B6 und B12 vorteilhaft. Mengen von 300 - 600 g Fleisch und Wurst pro Woche reichen hierfür aus. Fettarme Produkte bevorzugen, vor allem bei Fleischerzeugnissen und Milchprodukten.

5. Wenig Fett und fettreiche Lebensmittel
Fett liefert lebensnotwendige (essenzielle) Fettsäuren und fetthaltige Lebensmittel enthalten auch fettlösliche Vitamine. Fett ist besonders energiereich, daher kann zu viel Nahrungsfett Übergewicht fördern, möglicherweise auch Krebs. Zu viele gesättigte Fettsäuren fördern langfristig die Entstehung von Herz-Kreislauf-Krankheiten. Pflanzliche Öle und Fette bevorzugen (z.B. Raps-, Oliven- und Sojaöl und daraus hergestellte Streichfette). Auf unsichtbares Fett achten, das in Fleischerzeugnissen, Milchprodukten, Gebäck und Süßwaren sowie in Fast-Food- und Fertigprodukten meist enthalten ist. Insgesamt 70 - 90 Gramm Fett pro Tag reichen aus.

6. Zucker und Salz in Maßen
Nur gelegentlich Zucker und Lebensmittel, bzw. Getränke verzehren, die mit verschiedenen Zuckerarten (z.B. Glucose Sirup) hergestellt wurden. Kreativ mit Kräutern und Gewürzen und wenig Salz würzen. Jodiertes Speisesalz bevorzugen.

7. Reichlich Flüssigkeit

Wasser ist absolut lebensnotwendig. Jeden Tag rund 1-2 Liter Flüssigkeit trinken. Wasser (ohne oder mit Kohlensäure) und andere kalorienarme Getränke bevorzugen. Alkoholische Getränke sollten nicht konsumiert werden.

8. Schmackhaft und schonend zubereiten
Die jeweiligen Speisen bei möglichst niedrigen Temperaturen garen, soweit es geht kurz, mit wenig Wasser und wenig Fett - das erhält den natürlichen Geschmack, schont die Nährstoffe und verhindert die Bildung schädlicher Verbindungen.

9. Sich Zeit nehmen und das Essen genießen
Bewusstes Essen hilft, richtig zu essen. Auch das Auge isst mit. Sich beim Essen Zeit lassen. Das macht Spaß, regt an, vielseitig zuzugreifen und fördert das Sättigungsempfinden.

10. Auf das Gewicht achten und in Bewegung
Ausgewogene Ernährung, viel körperliche Bewegung und Sport (30 bis 60 Minuten pro Tag) gehören zusammen. Mit dem richtigen Körpergewicht fühlt man sich wohl und fördert die Gesundheit.

Thermik, Wirkrichtung, Verdauungskraft
Es gibt unterschiedliche Kriterien, die Wirksamkeit von Kräutern und Lebensmittel zu beurteilen. Der Einsatz der Kräuter und Zutaten basiert auf Beobachtung, was die Lebensmittel, Kräuter und Gewürze nach ihrem Verzehr im Körper bewirken. In der Medizin hat sich daraus folgendes System entwickelt: Jede Zutat oder Kraut hat eine Wirkrichtung. Außerdem gibt es noch Kräuter, die eine besondere Wirkung auf bestimmte Organe haben.

Voraussetzung für einen gesunden Stoffwechsel ist es, darauf zu achten, dass wir ausreichend Energie aus der Nahrung gewinnen und der Verdauungsprozess so wenig Energie wie möglich verbraucht. Eine bekömmliche Mahlzeit macht zufrieden und satt, verursacht keine Blähungen und keine Müdigkeit nach dem Essen. Richtiges Würzen erhöht die Bekömmlichkeit unserer Speisen. Es genügen oft schon geringe Mengen an Kräutern und Gewürzen. Sie dienen nicht dazu, uns satt zu machen, sondern helfen unseren Verdauungsorganen, die Nahrung zu verdauen.

6.2 Rezepte

Die Rezepte zeigen Ihnen welche Zutaten verwendet werden sowie mit der Kochanleitung wie diese zubereitet werden. Bei den Zutaten wird neben den Mengenangaben auch die Wichtigkeit für die Therapie angezeigt. Wenn dabei angezeigt wird "weniger als angegeben" versuchen Sie diese Empfehlung einzuhalten oder eine Alternative aus der Liste der "Empfohlenen Lebensmittel" zu finden. Meistens ist es nur eine leichte geschmackliche Änderung wenn Sie diese Zutat gänzlich weglassen.

Schonende Kochmethoden: Kochen, dämpfen, pochieren, dünsten
Scharfe Kochmethoden: Grillen, rösten, anbraten, räuchern
Ausgeglichene Kochmethoden: Frittieren, Römertopf

Auf das Einfrieren und erwärmen in der Mikrowelle sollte verzichtet werden (Denaturierung).

6.3 Lebensmittel

Lebensmittel wirken wie Heilkräuter auf Körper und Geist, nur wesentlich sanfter. Die Ernährungsberatung stützt sich hauptsächlich auf heimische Lebensmittel. Das Wissen über die Wirkungsweisen jedes einzelnen Lebensmittels und das Wissen wann welche Lebensmittel zur Anwendung kommen, entstammt der Schulmedizin. Verwende Sie möglichst Erzeugnisse aus ökologischen-biologischem Landbau.

Da wegen der besseren Verdaulichkeit grundsätzlich alles lange gekocht und kaum roh gegessen wird, ist die Verträglichkeit hervorragend.

Die Einteilung der Lebensmittel entsprechend ihrer Wirkung auf den Körper und bildet die Basis, um einen ausgewogenen und harmonischen Gesundheitszustand im Körper zu erreichen.

Grundsätzlich empfiehlt die Ernährungsberatung keine bestimmten Lebensmittel für Jedermann. Ausschlaggebend für den individuellen Speiseplan ist vor allem die persönliche Konstitution.

Kaufen Sie nur frisches und reifes Obst und Gemüse ein. Braune Stellen, welke Blätter aber auch unreifes Obst und Gemüse sollten Sie im Supermarkt zurücklassen. Greifen Sie dann zu Tiefkühlware (keine Fertiggerichte!). Tiefkühlobst und -gemüse werden kurz nach dem Ernten schockgefroren und enthalten deshalb oftmals mehr Vitamine und Mineralstoffe, als die Ware aus der Obst- und Gemüsetheke! Konserven- und Dosenware dagegen enthält wesentlich weniger Biostoffe. Zudem werden Letztere meist mit Salz, Zucker usw. angereichert. Lassen Sie die Zutaten nach dem Waschen nie im Wasser liegen, denn so gehen viele Vitalstoffe ins Wasser über! Putzen Sie Salate, Früchte und Gemüse erst unmittelbar vor Verzehr.

Beachten Sie bitte die hygienische Verarbeitung der Lebensmittel. Waschen Sie Ihre Salate, Früchte und Gemüse gründlich. Bei Gerichten mit Fleisch bereiten Sie zuerst die Zutaten vor und verarbeiten dann die Fleischprodukte. Reinigen Sie danach die Arbeitsflächen und Werkzeuge besonders gründlich. Holzunterlagen sollten regelmäßig mit leichtem Desinfektionsmittel behandelt werden um die Keimbildung einzuschränken.

Bewahren Sie Obst und Gemüse möglichst getrennt voneinander auf. Auch geerntete Früchte und Gemüse leben und strömen z.b. Ethylengas aus, das andere Sorten schneller reifen und altern lässt. Fleisch und Fisch in der verschlossenen Verpackung lassen oder in luftdichten Boxen im Kühlschrank aufbewahren.

6.4 Kräuter

Bei der Aufbewahrung und Lagerung von Heilkräutern, müssen gewisse Grundregeln beachtet werden. Grundsätzlich müssen Heilkräuter geschützt vor direkter Sonneneinstrahlung, vor Feuchtigkeit und vor heißen Temperaturen gelagert werden.

Als Gefäße für die Lagerung von Heilkräutern können Gläser, Keramik-Behälter und zur Not auch Plastik-Dosen eingesetzt werden. Plastik ist aber ein sehr unreines Material und sollte daher wirklich nur eine kurzfristige Notlösung sein. Bei Glasbehältern ist darauf zu achten, dass dunkles Glas verwendet wird.

Heilkräuter können nicht beliebig lange aufbewahrt werden. Die Haltbarkeit von Heilkräutern ist auf jeden Fall begrenzt. Durch die Haltbarkeitsdauer kann durch sachgerechte Lagerung wesentlich erhöht werden. So soll der Lagerplatz dunkel, eher kühl und absolut trocken sein. Ein Medizinschrank aus Holz, der nicht direkt bei einer Wärmequelle platziert ist wäre ideal. Um Ihre Heilkräuter nicht wegwerfen zu müssen, kaufen Sie nicht zu große Mengen an Heilpflanzen. Beschriften Sie die Behälter mit dem Namen des Heilkrauts und dem Datum der Ernte bzw. der Verarbeitung.

7 Weitere Ernährungsvorschläge

Folgende Syndrome der Diätetik, der TCM oder als Therapieergänzung bei Krebs sind verfügbar.

DIÄTETIK
1. Ernährung des Säuglings - Beikost
2. Ernährung in der Stillzeit
3. Ernährung im Alter
4. Ernährung von Kindern und Jugendlichen
5. Ernährung von Sportlern
6. Leichte Vollkost
7. Schwangerschaft
8. Vollkost

Eiweiß und Elektrolyt – Nieren
9. (Hämo-)Dialysebehandlung
10. Akutes Nierenversagen
11. Chronische Niereninsuffizienz
12. Nephrotisches Syndrom
13. Nierensteine (Nephrolithiasis)

Gastrointestinaltrakt - Bauchspeicheldrüse
14. Akute Pankreatitis (Entzündung der Bauchspeicheldrüse)
15. Chronische Pankreatitis (Entzündung der Bauchspeicheldrüse)

Gastrointestinaltrakt - Dünndarm und Dickdarm
16. Akute Obstipation (Verstopfung)
17. Chronische Obstipation (Verstopfung)
18. Colon irritabile
19. Divertikulitis
20. Erworbene Laktoseintoleranz (Laktosemalabsorption)
21. Fruktosemalabsorption
22. Glutensensitive Enteropathie (Zöliakie)
23. Kolektomie
24. Kurzdarmsyndrom

Gastrointestinaltrakt - Leber, Gallenblase, Gallenwege
25. Akute und chronische Hepatitis (Entzündung der Leber)
26. Cholelithiasis (Gallensteine)
27. Fettleber
28. Leberzirrhose

Gastrointestinaltrakt - Magen und Zwölffingerdarm
29. Akute Gastritis
30. Chronische Gastritis
31. Magenblutung
32. Ulcus ventriculi und Ulcus duodeni
33. Zustand nach Magenoperation

Gastrointestinaltrakt - Mundhöhle und Speiseröhre
34. Mundschleimhautentzündung
35. Ösophaguskarzinom (Speiseröhrenkrebs)
36. Reflüxösophagitis (Sodbrennen)

spezielle Krankheiten
37. Phenylketonurie (PKU)
38. Rheumatische Gelenkserkrankungen

Stoffwechsel
39. Adipositas (Übergewicht)
40. Diabetes mellitus
41. Essstörungen (Untergewicht)
Fettstoffwechsel
42. Hypercholesterinämie (erhöhter Cholesterinspiegel)
43. Hepatische Enzephalopathie
Herz- und Kreislauf
44. Arteriosklerose (Arterienverkalkung)
45. Herzinsuffizienz
46. Hypertonie (Bluthochdruck)
47. Hyperurikämie und Gicht
veränderter Nährstoffbedarf
48. bei Fieber
49. bei malignen Erkrankungen
50. nach Verbrennungen
51. Strahlen- und Chemotherapie

KREBS
100. Bauchspeicheldrüse
101. Blasenkrebs
102. Blutkrebs (Leukämie)
103. Brustkrebs
104. Darmkrebs
105. Magenkrebs
106. Nierenkrebs
107. Speiseröhrenkrebs

TCM
200. Blase - Feuchte Hitze in der Blase
201. Blase - Feuchtigkeit und Kälte in der Blase
202. Blase - Leere und Kälte in der Blase
203. Dickdarm - äussere Kälte befällt den Dickdarm
204. Dickdarm - Feuchte Hitze im Dickdarm
205. Dickdarm - Hitze blockiert den Dickdarm II akut
206. Dickdarm - Trockenheit des Dickdarms
207. Dickdarm - Yang Mangel (Kälte)
208. Herz - Blut Mangel
209. Herz - Blut Stagnation
210. Herz - Feuer
211. Herz - Heisser Schleim verstopft die Herzporen
212. Herz - Kalter Schleim verstopft die Herzporen
213. Herz - Qi Mangel
214. Herz - Yang Mangel
215. Herz - Yin Mangel
216. Leber - aufsteigender Leber-Yang
217. Leber - Blut-Mangel
218. Leber - Blut-Stagnation
219. Leber - feuchte Hitze in Leber und Gallenblase
220. Leber - Feuer
221. Leber - Gallenblase Qi-Leere
222. Leber - Kälte im Lebermeridian
223. Leber - Qi-Stagnation

224. Leber - Wind
225. Leber - Wind mit aufsteigendem Leber Yang
226. Leber - Wind mit Blutleere
227. Leber - Wind mit extremer Hitze
228. Lunge - Qi Mangel
229. Lunge - Schleim-Feuchtigkeit in der Lunge
230. Lunge - Schleim-Hitze in der Lunge
231. Lunge - Schleim-Kälte in der Lunge
232. Lunge - Trockenheit der Lunge
233. Lunge - Wind-Hitze befällt die Lunge
234. Lunge - Wind-Kälte befällt die Lunge
235. Lunge - Yin Mangel
236. Magen - Blutstagnation
237. Magen - Feuer
238. Magen - Magenkälte mit Flüssigkeit
239. Magen - Nahrungsstagnation
240. Magen - Qi Mangel
241. Magen - rebellierendes Magen Qi
242. Magen - Yin Leere
243. Milz - Hitze und Feuchtigkeit befällt die Milz
244. Milz - Kälte und Feuchtigkeit befällt die Milz
245. Milz - Qi Mangel
246. Milz - Qi Mangel + Absinkendes MilzQi
247. Milz - Qi Mangel + Milz kontrolliert das Blut nicht
248. Milz - Yang Mangel
249. Niere - Herz und Niere kommunizieren nicht mehr
250. Niere - Jing Mangel
251. Niere - Nieren können das Qi nicht empfangen
252. Niere - Qi ist nicht fest
253. Niere - Yang Mangel
254. Niere - Yin Mangel